Ebenfalls in der Reihe
„Unser wildes Zuhause“ erschienen:

Unser wildes Zuhause – Tiere im hohen Norden

Marieke ten Berge · Eva Moraal:
Unser wildes Zuhause – Tiere an Fluss und Küste
978 3 8489 0234 7

Aus dem Niederländischen von Verena Kiefer
Die Originalausgabe erschien 2023 unter dem Titel *Polder* bei Lemniscaat b. v., Rotterdam
Einbandtypografie: Doris Grüniger, buchundgrafik.ch • Innentypografie: Julia Astrup
Reproduktion: HKS-artmedia, Ostfildern • Druck und Bindung: Livonia Print, Riga

MIX
Papier | Fördert gute Waldnutzung
FSC® C002795

Printed in Latvia.
www.thienemann.de

Marieke ten Berge

UNSER WILDES ZUHAUSE

TIERE AN FLUSS UND KÜSTE

Mit Texten von Eva Moraal

Aus dem Niederländischen von
Verena Kiefer

ALADIN

VORWORT

Es ist immer etwas Besonderes, wenn man gebeten wird, ein Vorwort für die Übersetzung des eigenen Buches zu schreiben. Wir, Marieke und Eva, haben uns für dieses Buch in unserer Heimat, in den niederländischen Poldern, auf Spurensuche begeben, das Wasser immer in der Nähe. Den Tieren in diesem Buch begegnen wir beim Spaziergehen. Sie alle haben sich an das Leben in unserem – zugegebenermaßen – recht vollen kleinen Land angepasst.

Doch Tiere kennen keine Grenzen. Der Graureiher auf der Insel Krautsand in der Elbe bei Hamburg sitzt genauso ruhig am Wassergraben und wartet auf einen Frosch wie sein Verwandter bei uns um die Ecke. Und nicht nur in den Niederlanden war der Biber praktisch ausgerottet. Heute sind seine gewaltigen Dammbauten zum Glück wieder häufig zu sehen – von dort, wo die Elbe nahe Dresden landeinwärts fließt, bis zu ihrer Mündung in die Nordsee. Die deutsche Graugans frisst genauso gerne Gras wie ihr niederländischer Nachbar – und das finden die Landwirte hier wie da ganz und gar nicht spaßig.

Die Landwirtschaft beansprucht viel, viel Platz, die Flüsse sind verschmutzt, und das Klima verändert sich rasend schnell: Es gibt immer heißere Sommer und feuchtere Winter. Tiere haben da oft das Nachsehen. Einige Tiere passen sich an: In Berlin leuchten die Augen der Füchse nachts im Licht der Autoscheinwerfer, und Stare ahmen die Geräusche von Alarmanlagen und klingenden Handys nach. Leider gelingt das nicht allen Tieren – oder nicht schnell genug. Der Mensch steht meistens an erster Stelle. Können wir das noch länger hinnehmen?

Den Tieren in diesem Buch fällt dazu eine Menge ein! Hört also aufmerksam zu, was diese 35 ungewöhnlichen, lustigen und klugen Tiere zu sagen haben. Es sind bekannte, aber auch weniger bekannte Arten darunter.

Lass dich von ihren pfiffigen Köpfen und ihrer Art zu leben in Erstaunen versetzen.

Wir waren jedenfalls sehr beeindruckt!

Marieke & Eva

BIBER

ACHTUNG! Sonst fällt dir noch der Baum auf den Kopf. Das ist einem norwegischen Artgenossen passiert, platt wie ein Pfannkuchen war er! Meistens wissen wir Biber genau, wie wir das verhindern können. **BÄUME** wachsen zum Licht hin, sie fallen also immer Richtung Wasser – auf dieser Seite sind sie einfach schwerer, weil sie dort mehr Äste haben. Praktisch, denn genau an der Stelle brauche ich sie!

ART: Nagetier > Biberartige > *Castor* > *Castor fiber*
VORKOMMEN: große Teile von Mitteleuropa, ohne den Süden Großbritanniens, teils wiederangesiedelt (in Belgien und den Niederlanden), Skandinavien und Russland, einige Populationen in China und in der Mongolei.
LÄNGE: 70 – 100 cm
SCHWANZLÄNGE: 25 – 37 cm
GEWICHT: 15 – 25 kg
LEBENSERWARTUNG: 8 – 12, maximal 17 Jahre
BESTAND: 639.000 zu Anfang des Jahrhunderts weltweit; Gesamtbestand in Deutschland liegt bei 40.000
GEFÄHRDUNG: nicht gefährdet

ICH LEBE von Holz. Ich esse es: die Rinde, Blätter und Zweige weicher Baumarten wie **WEIDE** und **PAPPEL**. Und ich nutze es: als Dach für meine Burg am Flussufer, oder in den Dämmen, die ich baue. Meine Dämme können mehr als hundert Meter lang sein. Der längste erstreckt sich über eine Länge von **ACHT FUSSBALLFELDERN**, liegt in Kanada und ist sogar aus dem Weltall zu sehen (na gut, ich gebe es zu: den hat der nordamerikanische Biber gebaut, ein Cousin von mir.)

EINEN DAMM BAUE ich, wenn mir der Wasserstand nicht behagt. Ich will mir in meinem Nest schließlich keine nassen Füße holen! Doch der Eingang darf auch nicht trockenfallen – am besten liegt er knapp unter dem Wasser. Stromaufwärts entsteht durch meinen Damm ein Stausee. Der Fluss nimmt dadurch stromabwärts viel weniger Sand mit und es entstehen weitläufige, sumpfartige Gebiete. Ich bin also mein eigener **ARCHITEKT**, und zugleich weltbester Baumeister! In großen Stauseen errichte ich mein Nest manchmal auf einer Insel, die ich vom Grund her aufbaue. Das ist richtig harte Arbeit! Lange Zeit war ich so gut wie ausgestorben. Was ich euch jetzt erzähle, ist ein bisschen eklig: Ihr habt mich vor allem deswegen getötet, weil die Castorbeutel und Analdrüsen unter meinem Schwanz ein stark riechendes Sekret produzieren: das **BIBERGEIL**. Castor kommt aus dem Sanskrit, *kasturi*, was „Moschus" bedeutet. Schon in der Antike wurde es gegen Fieber eingesetzt. In Parfüms wirkt es besonders gut – das verstehe ich, denn ich benutze es ja selbst, um Bibern, die in mein Territorium (manchmal über drei Kilometer lang) eindringen wollen, eine Nachricht zu hinterlassen. Bibergeil wird aus chemischen Stoffen hergestellt, die ich mit meiner pflanzlichen Nahrung aufnehme. Die Pflanzen nutzen diese Stoffe auch selbst, um anderen zu sagen: **ZISCH AB!**

ES SIND noch mehr seltsame Geschichten über mich im Umlauf. Weil meine, ... äh, Hoden von außen fast nicht sichtbar sind, habt ihr tatsächlich lange Zeit gedacht, ich würde sie mir abbeißen, dem verwunderten Jäger vor die Füße werfen, und mich anschließend aus dem Staub machen. Tja, was soll ich dazu sagen? Jedenfalls stimmt es, dass ich mit dem flachen Paddelschwanz aufs Wasser schlage, um meine Familie zu warnen. Ich wohne mit meiner Frau und einigen unserer Kinder zusammen. Sie bleiben bei uns in der Burg, bis sie zwei Jahre alt sind. Es dauert nämlich eine ganze Weile, ihnen alles über das Bauhandwerk beizubringen.

SO, jetzt aber noch schnell den Baum für meinen Wintervorrat in den Bau bringen. Das ist kein großer Aufwand. Meine Augen, Ohren und die Nasenlöcher befinden sich in einer Linie, wenn ich schwimme, und meine **DURCHSICHTIGEN AUGENLIDER** sind wie eine Schwimmbrille. Ohren und Nasenlöcher kneife ich unter Wasser zu. Ich kann sogar unter Wasser nagen: meine Lippen schließen sich hinter meinen immer scharfen Schneidezähnen.

ALSO dann tschüs, ich tauch jetzt wieder ab!

BLAUKEHLCHEN

Die Herkunft meines Namens ist keine wirkliche Überraschung: meine Kehle ist leuchtend blau. Aber schau genau hin, dann siehst du im Blau einen kleinen weißen Fleck. Mit vollem Namen heiße ich deshalb **WEISSSTERNIGES BLAUKEHLCHEN.** Insgesamt gibt es zehn verschiedene Blaukehlchen-Unterarten. Sehr selten ziehen auch Rotsternige Blaukehlchen durch mein Gebiet, aber die mögen die nördliche Kälte mehr als ich.

AH, DA ist ja meine Partnerin! Schnell wieder in die Luft, und die Flügel für ein paar akrobatische Einlagen ausbreiten. Das mag sie gern! Auch wenn Eigenlob vielleicht stinkt: das kann ich wirklich gut. Siehst du meinen **SCHÖN GEFÄCHERTEN ORANGEBRAUNEN SCHWANZ?** Während der Brutzeit im April kann man mich am besten sichten. Sobald mein Weibchen das Nest gebaut hat, hebe ich mir meine Sangeskünste allerdings für die morgendliche Begrüßung auf.

NOCH KURZ zu diesem Nest. Das baut meine Partnerin in Bodennähe, gut geschützt im Gebüsch. Weiche Pferdehaare und Fusseln polstern die Innenseite aus. Innerhalb von etwa zwei Wochen brütet sie circa fünf oder sechs Küken aus, für die wir dann gemeinsam noch rund zwei Wochen sorgen, bevor sie ausfliegen. Ich bin ein echter **INSEKTENFRESSER,** gelegentlich sind Würmer, Schnecken und Spinnen aber auch okay. Ich finde sie auf dem kahlen Boden im Schilf. Im Herbst esse ich auch Sämereien und Beeren dazu. Neulich hat mich jemand mit einem kleinen Fisch im Schnabel gesichtet, aber das ist wirklich eine Ausnahme.

ICH BRÜTE sehr gern in eurer nassen Natur. Du kannst mich jetzt immer häufiger dort sehen. Aber warum spritzt ihr nur so viel **GÜLLE** auf die Äcker? Die landet dann im Wasser und die darin enthaltenen Stoffe wie Phosphor und Stickstoff lassen meinen Sumpf zuwachsen. Dadurch verschwinden immer mehr Insektenarten. Hallo? Ich möchte gern ein wenig Abwechslung auf meinem Speiseplan behalten. Und dann die Trockenheit der letzten Jahre …

SUMPFLAND liebe ich sehr, doch du findest mich auch im Gebüsch an Gewässern, oder in einem Rapsfeld. Jedenfalls, wenn ich mich nicht schnell aus dem Staub mache. Ich bleibe sowieso nicht das ganze Jahr über hier. Wenn der Sommer zur Neige geht, fliege ich nach Spanien und dann weiter nach Westafrika. Erst im März komme ich wieder.

MOMENT MAL! Das Männchen dahinten kenne ich nicht. Schnell wieder in die Luft und ihm zeigen, wer hier am schönsten singt!

MEIN GESANG IST SEHR VIELFÄLTIG. Von der Spitze dieser Schilfrispe habe ich eine hervorragende Aussicht auf mein feuchtes Land, vom Schilfsumpf bis zum Sumpfwald. Manchmal fliege ich bis zum nächsten Weidengebüsch, oder ich suche mir den höchsten Zweig in einem Holunder. Selbstverständlich muss ich gut zu hören und zu sehen sein. Ich wölbe die Brust weit vor und dann ziehe ich alle Register. Fiep! Ich erfinde oder imitiere andere Vögel – kommt darauf an, wonach mir gerade der Sinn steht. Man nennt mich auch die **WASSERNACHTIGALL.** Die Nachtigall gehört schließlich zu meiner Familie.

ART: Vogel > Singvogel > Fliegenschnäpper > Steinschmätzer > *Luscinia* > *Luscinia svecica* > *Luscinia svecica (cyanecula)*
VORKOMMEN: alle Unterarten in Europa, Asien und Alaska. Das Weißgesternte brütet von den Niederlanden und Nordost-Frankreich bis nach Weißrussland und die Ukraine, und überwintert in Portugal, Spanien und Westafrika.
LÄNGE: 13 – 14 cm
FLÜGELSPANNWEITE: 20–22,5 cm
GEWICHT: 15–20 g
LEBENSERWARTUNG: im Durchschnitt 5 Jahre
BESTAND: 35,7 Millionen – 62 Millionen Individuen weltweit (alle Unterarten); Gesamtbestand in Deutschland liegt bei 12.000 – 21.000 Brutpaaren
GEFÄHRDUNG: nicht gefährdet

WIE LANGE ICH in diesem seichten Gewässer schon vor mich hinstarre? Gut fünf Stunden. Mein Futter habe ich mir bereits heute Morgen an meinem Lieblingsort besorgt. Einen **DICKEN FISCH**, na, der hält bestimmt eine Weile vor. Natürlich muss man wissen, was man tut. Junge Reiher haben noch nicht kapiert, dass sich eine Beute unter Wasser immer ganz knapp neben der Stelle befindet, die man von oben zu sehen glaubt. Übung bringt faule Tage, sage ich immer. Und Zeit für die Federpflege! Ich habe einen eingebauten „Kamm" auf meinem mittleren Zehennagel. Superpraktisch! Auf meiner Brust sind besondere Daunen, die ständig nachwachsen. Wenn ich mit dem Kopf darüberreibe, zerbröseln ihre Enden zu FEINEM PUDER. Den streiche ich über mein Federkleid; er nimmt alles Fischfett mit und schützt meinen Unterbauch vor Nässe und Schmutz.

HEUTZUTAGE bin ich ein richtiger Stadtvogel – dabei war ich früher so scheu. Wusstest du, dass man über einen Amsterdamer Artgenossen, Schoffie, sogar einen Film gedreht hat? Auf Märkten, an Snackbars oder am Weiher in deinem Garten: wir finden alle guten **FISCHPLÄTZE**. Wir fühlen uns richtig zu Hause bei euch!

ICH BRÜTE in großen Kolonien von einigen Dutzend bis zu hundert Paaren. In Amsterdam kenne ich eine Kolonie, die schon 110 Jahre alt ist. Unser großes **REISIG-NEST** bauen wir hoch oben in einem Baumwipfel: Ich liefere das Material, meine Gefährtin baut. Gemeinsam brüten wir 3 bis 5 schöne **BLAUGRÜNE EIER** aus. Nach fünfzig Tagen sind die Jungen groß. Das ist vielleicht ein Geschnatter und Gezwitscher! Den Rest des Jahres bin ich zwar nur langweilig grau und ein wenig zerzaust, aber während der Brutzeit bekommt mein Kleid schöne Fransen: Federn, die von meinem schwarzen Kopfstreifen auf Kehle und Rücken herabhängen, und einen knallroten Schnabel.

ART: Stelzvogel > Pelikanartige > Reiher > *Ardea* > *Ardea cinerea*
VORKOMMEN: brütet von Westeuropa bis einschließlich Asien, Indien und Afrika, überwintert im Mittelmeerraum, Nordafrika, im Nahen Osten, Indien.
LÄNGE: 84 – 102 cm
FLÜGELSPANNWEITE: 155 – 175 cm
GEWICHT: 1,5–2 kg
LEBENSERWARTUNG: im Durchschnitt 5 Jahre, manchmal 25 Jahre
BESTAND: 790.000 – 3.700.000 Individuen weltweit, deutschlandweit etwa 28.000 Paare
GEFÄHRDUNG: nicht gefährdet

BLAUREIHER

STOCKSTEIF stehe ich am Gewässerrand, wenn ich jage. Ein stolzes Standbild. Außer wenn es in Strömen regnet, dann stehe ich betreten herum, mit meinen hochgezogenen Schultern im **FEDERREGENMANTEL**. Mein Schnabel ist wie ein Speer, genauso schnell und scharf. Mühelos spieße ich damit ein Fischchen auf, oder einen Krebs, einen Frosch, ein Entenküken. Im Winter ziehe ich in die Polderweiden für Maulwürfe, Mäuse oder Vögelchen.

KÄLTE mag ich nicht – deshalb gefallen mir unsere jetzt wärmeren Winter. Ich wohne ganzjährig in der Nähe meines Wassergrabenreviers. Nur wenn es echt kalt ist, ziehe ich ein Stück weiter südlich. Oh, es kommen auch Gäste aus dem Norden vorbei. Ich fliege langsam, mit **EINGEZOGENEM HALS**.

FÄHRST DU mit dem Rad an mir vorbei, bleibe ich ruhig sitzen. Steigst du jedoch ab, fliege ich ein Stück weiter. Außerhalb der Brutzeit schlafen wir in Gruppen von Artgenossen. Das ist behaglich und sicher.

OBWOHL mein Nest hoch oben im Baum ist, schnappt sich manchmal der Fuchs einen jungen Reiher. Und hin und wieder fällt ein **KÜKEN** hinunter ... Aber tja, der Mensch! Keinen noch so kleinen Fisch dürfen wir aus euren Teichen stehlen, da seid ihr schon hinter uns her.

GUT. Lass mich ruhig noch ein bisschen rumstehen, bei Wind und Wetter.

RAUCHSCHWALBE

SCHAU MAL, ÜBER DIR. Dort. Das schlammbraune Schälchen unter dem Balken ist mein Nest. Die alte Pferdescheune ist perfekt. Meine Familie wohnt schon seit Jahren hier. Du findest mich überall, wo Vieh ist. Wusstest du, dass das älteste Rauchschwalbennest **48 JAHRE ALT** ist? Das sind eine Menge Generationen kleiner Schwalben. Jedes Jahr bekomme ich zwei- oder dreimal Junge, und nach drei Wochen sind die jungen Schwalben flügge. Meistens sind es drei, hin und wieder auch mal sechs.

HOPPLA! Hast du den blitzschnellen Sturzflug von meinem Partner gesehen? Über dem Misthaufen kann man wunderbar Fliegen fangen. Ich esse fliegende Insekten; als Brutpärchen fangen mein Mann und ich gut eine Million.

DIESER BAUERNHOF ist ein toller Ort für uns, weil die Bäuerin den ganzen neumodischen Schnickschnack nicht mitmacht, der unseren Lebensraum bedroht. Einfach einen offenen **HAUFEN PFERDEÄPFEL** in die Ecke, vergiss die Hygiene! Und das kaputte Fensterchen da hinten in der Stallecke ist die perfekte Fluchtroute, falls Steinkäuze oder Elstern versuchen, mich oder meine Küken zu erwischen. Wenn ich nicht einfach laut zwitschernd durch die Stalltür ins Freie fliege.

GANZ FRÜHER nisteten wir in Höhlen, heute also in dunklen Ecken auf Bauernhöfen. Deswegen die deutlich sichtbaren weißen Streifen um die Schnäbel meiner Küken, die hellen Daunenfedern im Nest, die **SCHWARZ-WEISS GESPRENKELTEN EIER** und meine blauschwarze Tarnfarbe. Wir leben bereits seit Tausenden von Jahren mit euch zusammen. Schon der römische Dichter Vergil beschrieb, wie wir in euren Gebäuden nisten. Und die alten **ÄGYPTER** machten uns zu Mumien. Sie hielten uns für Götter … na, lieber nicht!

ICH BRÜTE gemeinsam mit Artgenossen aus der Umgebung. Auch wenn mein Mann (übrigens nicht jedes Jahr derselbe) ziemlich sauer wird, wenn sich auch nur einer in die Nähe von unserem Nest wagt. Männchen ohne Partnerin töten sogar manchmal die Jungen ihrer Konkurrenten …

Wenn meine Küken ausgeflogen sind, verlasse ich meinen Bauernhof. Zu **TAUSENDEN** versammeln wir uns in den Schilfgürteln. Für euch ist das ein spektakulärer Anblick. Ich bereite mich dann auf eine sehr lange Reise in den Süden vor. Die Rückkehr aus dem Süden findet aufgrund des **KLIMAWANDELS** immer früher statt.

DIESE REISE beginne ich ohne zusätzliche Nahrung – die findet sich schon unterwegs. Ich habe ein Körpergewicht von 18 Gramm, aber kurz vor der großen Saharaüberquerung esse ich so viel, dass ich bis zu 7 Gramm mehr wiege als sonst! Am kühlen Morgen fliege ich tief über dem Land; sobald es sich aufwärmt, steige ich stetig weiter. Manchmal so hoch, dass du mich nicht mehr siehst, und ganz sicher nicht meinen gespaltenen Schwanz. Ich überwintere in Westafrika, andere fliegen ganz durch in den Süden. Wenn sie es schaffen …

IM FRÜHLING kehre ich als einer der ersten Zugvögel wieder zurück. Bauern glauben, dass ich Glück bringe. Je früher ich da bin, desto schneller können sie ihr Land bestellen. Freu dich nicht zu früh, denn so wie es in dem alten Sprichwort heißt: Eine Schwalbe macht noch keinen Sommer.

ART: Vogel > Singvogel > Schwalbe > *Hirundo* > *Hirundo rustica*
VORKOMMEN: brütet in Nordamerika, Europa, (Nord-)Asien; europäische Schwalben überwintern in Afrika, unterhalb der Sahara, nordamerikanische Schwalben in Südamerika, und nordasiatische in Südasien.
LÄNGE: 17 – 21 cm
FLÜGELSPANNWEITE: 32 – 34 cm
GEWICHT: 16 – 25 g
LEBENSERWARTUNG: 4 – 6 Jahre
BESTAND: 290 – 487 Millionen Individuen weltweit; deutschlandweit etwa 455.000 – 870.000 Brutpaare
GEFÄHRDUNG: weltweit nicht gefährdet, in Deutschland gefährdet; noch 1990 lautete die Schätzung in Deutschland 800.000 – 1,6 Millionen Paare!

ZWERGSCHNEPFE

ART: Watvogel > Stelzenläufer > Strandläufer und Schnepfen > *Lymnocryptes* > *Lymnocryptes minimus*
VORKOMMEN: brütet in Nordeuropa, in Russland bis nach Sibirien, überwintert in West- und Südeuropa, Afrika, südlich der Sahara, an einigen Orten im Nahen Osten und in Indien.
LÄNGE: 18 – 20 cm
FLÜGELSPANNWEITE: 33 – 36 cm
GEWICHT: 35 – 73 g
LEBENSERWARTUNG: im Durchschnitt 5, maximal 10 Jahre
BESTAND: über 1 Million Individuen weltweit; in Deutschland Überwinterer fast ausschließlich in der norddeutschen Tiefebene
GEFÄHRDUNG: nicht gefährdet

ICH BIN die allerkleinste Schnepfe. Das hörst du an meinem wissenschaftlichen Namen, minimus. Außerdem besagt der Name, dass ich mich gut verbergen kann: Lymnocryptes kommt aus dem Griechischen und bedeutet „verstecken in einem Tümpel“. Und genau das ist meine Spezialität. Mein niederländischer Name bokje heißt Böckchen, und hat nichts mit meinen **TARNKÜNSTEN** zu tun. Mein großer Cousin, eine Wasserschnepfe, wurde im französischen Elsass mit einem Bock verglichen. Deswegen wurde ich, die kleinere Variante, natürlich zu einem Böckchen. Auch wenn manche meinen, das liegt an meinen bocksprungähnlichen Flugkünsten ...

BEI EUCH bin ich nur im Winter. Ich suche nasse Orte auf: Sümpfe, Schilfgebiete, Wiesenpfützen und das **DEICHVORLAND.** Dort suche ich nach Insekten, ihren Larven, einem Würmchen oder einer Schnecke. Ich picke mit meinem kurzen, scharfen Schnabel in den Boden, und bewege meinen Kopf auf und nieder, als würde ich meine eigene Musik hören. Meistens bin ich allein, manchmal in kleinen Gruppen. Und um es Vogelbeobachtern besonders schwer zu machen: ich esse in der Dämmerung oder nachts.

SIEHST DU MICH DENN IMMER NOCH NICHT? Ich sitze genau vor deiner Nase! Aber ich habe ja nicht umsonst die vier sehr hellen Streifen auf meinem Rücken. Die beste **SCHUTZFÄRBUNG,** die sich eine Schnepfe nur wünschen kann! So bemerkt mich niemand zwischen den Zweigen und dem Schilf. Ich verhalte mich still, rühre mich nicht, bis ich plötzlich in gerader Linie aufsteige. Selbst dann gebe ich keinen Laut von mir. Ich streiche einfach ein Stückchen weiter nieder. Zehn zu eins, dass du mich auch jetzt nicht siehst!

ICH BIN aber auch nicht immer still. Für die Suche nach einer Gefährtin habe ich einen besonderen Laut – als würden Pferde auf dich zugaloppieren. Von einem so kleinen Vogel hättest du das bestimmt nicht gedacht, oder? Früher glaubten die Leute, ich wäre vielleicht taub, weil ich so wenig Laute von mir gebe. Aber ich brüte nun einmal im hohen Norden, in der Tundra und Taiga, und in Sümpfen – deswegen bekommt ihr diesen Ruf gar nicht zu hören!

MEINE DREI oder **VIER** Eier brüte ich gemeinsam mit meiner Gefährtin aus. Die Kleinen laufen sofort los, die wissen sich genauso schnell zu verbergen wie ihre Eltern. Aber wir behalten sie doch noch ein paar Wochen im Auge.

BEDROHT bin ich noch nicht. Trotzdem warne ich euch vorsorglich: lasst meine Sümpfe in Ruhe! Blei im Wasser ist eine sehr schlechte Idee. Das macht mich **TODKRANK.** Und diese Jagerei ... was für ein Glück, dass ich mich so gut zu verbergen weiß.

DAS KANINCHEN DAHINTEN schnappe ich mir mit Leichtigkeit, sogar, wenn es größer ist als ich. Ein einziger Biss in seine Nase und es ist um es geschehen! Das Arme? Tut mir leid, ich muss doch essen. Ich bin ein spezialisierter kleiner Jäger, mit meinem dünnen, langen Körper und dem kleinen Kopf wie dafür gemacht, in **NAGETIERHÖHLEN** zu kriechen. Ich bin vor allem nachts aktiv, du siehst mich selten. Für jedes Beutetier habe ich eine Taktik. Eine Maus fasse ich am Kopf, Fröschen beiße ich in den Nacken. Ich lähme sie auch, indem ich sie in den Rücken beiße, wie bei Kröten und Salamandern, und lege so am Ufer einen Nahrungsvorrat **HALBTOTER TIERE** an. Eier stehle ich von Hühnern und Enten (ich bin ein hervorragender Schwimmer), einfach köstlich!

ILTIS

AUCH meine Frau verschone ich nicht. In der Paarungszeit packe ich sie so lange im Nacken, bis sie erschlafft. Insgesamt dauert die Paarung gut eine Stunde. Ich kann bis zu doppelt so schwer sein wie sie. Oh nein, um die Aufzucht meiner Nachkommen kümmere ich mich nicht. Mutter und Junge (manchmal gleich **ZEHN KLEINE HALUNKEN!**) leben drei Monate zusammen und betreiben gegenseitig eine liebevolle Fellpflege. Die Jungen balgen herum und beißen sich gegenseitig in den Nacken, als Übung für später im echten Leben. Während die Mädchen oft bei der Mutter bleiben, müssen die Jungs sich ein eigenes Gebiet suchen. Gerade dann begegnen sie oft schnell fahrenden Autos ...

WUNDERE dich nicht, wenn du mich an Wintertagen schlafend in einer Scheune antriffst. Auf einem Bauernhof gibt es viel zu essen. Was steckt bloß hinter eurem Ordnungswahn? Es gibt immer weniger Schmuddelecken und Gebüsch, liegen gelassene Zweige und Schilf. Also Orte, an die ich mich zurückziehen kann. Im Sommer findest du mich am Wasser, in Sumpfgebieten und an Flussufern, immer in der Nähe bewaldeter Flächen. Manchmal grabe ich meine eigene Höhle, aber lieber besetze ich die eines anderen Tieres.

DU ERKENNST mich an meinem typisch wogenden Gang. Ich benutze alle Pfoten gleichzeitig, sodass du immer Gruppen sich überlappender Pfotenabdrücke siehst. Findest du abgebissene **FROSCHKÖPFE** und ein Häufchen ekligen Laich? Dann habe ich gerade gegessen. Ich spucke die Eierstöcke der weiblichen Frösche und die schleimige Hülle aus, in der sich der noch nicht ausgewachsene Laich befindet. Sternenrotz nennt ihr das, was für ein seltsamer Name!

MEINE VIELEN NAMEN sind ein Hinweis auf meine sogenannten „schlechten" Eigenschaften. Mustela putorius bedeutet **„STINKENDES WIESEL"**, wegen des Duftstoffs aus meinen Analdrüsen. Den spritze ich bei Gefahr bis zu 50 Zentimeter weit. Vermutlich heißt es deshalb auch: stinken wie ein Iltis. In der Provinz Limburg heiße ich „vuur" vom lateinischen fur, „Dieb", weil ich so gern stehle. Die Angst, dass ich eure Hühner fresse, steckt noch in meinem englischen Namen: polecat kommt vom französischen poule, was „Huhn" bedeutet. In Deutschland kennt man mich auch als Ratz (Schlafen wie ein Ratz!) oder Stänker.

IHR habt mich lange Zeit bejagt – obwohl ich euch wirklich einen Dienst erwiesen habe, indem ich eure Mäuse und Ratten unter Kontrolle hielt. Lieber als mich mögt ihr das **HELLER GEFÄRBTE FRETTCHEN,** meinen domestizierten Artgenossen. Außer, wenn es sich mit einem von uns paart ...

ART: Säugetier > Raubtier > Marderartige > *Mustela* > *Mustela putorius*
VORKOMMEN: ganz Europa, bis auf Nordskandinavien, Griechenland und die Inseln im Mittelmeer.
LÄNGE: Männchen 33 – 47 cm, Weibchen 30 – 41 cm
SCHWANZLÄNGE: Männchen 11 – 19 cm, Weibchen 9 – 16 cm
GEWICHT: Männchen 0,95 – 2 kg, Weibchen 0,5 – 1 kg
LEBENSERWARTUNG: max. 7 Jahre
BESTAND: unbekannt, abnehmend
GEFÄHRDUNG: weltweit nicht gefährdet, in Deutschland wird der Iltis inzwischen als „gefährdet" eingestuft.

WILLKOMMEN, HEREINSPAZIERT! Hast du dir auch die Pfoten gewischt? An all dem Sand, Blättern und altem Nistmaterial außerhalb meiner Burg kannst du genau erkennen, wo der Eingang ist. Wir Dachse wohnen in weitläufigen Höhlen mit mehreren Eingängen. Ein Dachsbau hat manchmal gut dreißig Gänge oder **„RÖHREN“,** mit etwa 30 Zentimetern im Durchschnitt, und mehrere Zimmer, die 50 Zentimeter bis zu einem Meter groß und über mehrere Etagen verteilt sind. Bei Pisede in Mecklenburg-Vorpommern gibt es eine 12.000 Jahre alte Dachsburg – und sie ist vielleicht nicht einmal die älteste. „Dachs“ kommt aus dem indogermanischen Wort thachsa, das „bauen“ bedeutet.

DACHS

DIE HECKE, unter der ich mein Haus gebaut habe, gibt es noch nicht so lange. Dachsburgen findest du auch an Waldrändern, in Holzdämmen und an Hängen. Immer in der Nähe von Gras- und Ackerland und Wasser – ich laufe nicht gern weit für mein Essen. Ich folge festen „Wechseln“, Wegen in meinem Territorium. Erst wenn es dämmert, ziehe ich los. Jedenfalls, wenn es nicht gerade Winter ist. Dann sitze ich nämlich lieber drinnen und zehre von meinem im Herbst angefutterten **FETTVORRAT.** Am liebsten mag ich Regenwürmer, aber ich bin nicht wählerisch. Ein frischer Käfer, Feldfrüchte, Nüsse oder ein Kaninchen schlage ich auch nicht aus. Mit meiner rüsselartigen Schnauze, den kleinen spitzen Ohren und den starken, scharfen Klauen grabe ich mit Leichtigkeit ein Bienen- oder Wespennest aus. Ich esse 400 bis 600 Gramm pro Tag.

HIER im Kreisel nach rechts und schon sind wir da. Das ist das Kinderzimmer, gerade frisch ausgestattet mit Farnkraut, Tannennadeln, Moos, trockenem Gras und Blättern. Meine Frau hat gerade fünf grau-weiße Junge bekommen. Sie ist schon seit dem Sommer **TRÄCHTIG,** aber erst vor sieben Wochen fingen die Kleinen in ihrem Bauch an zu wachsen. Meinen charakteristischen schwarz-weißen Kopf werden sie erst später bekommen. Wir wohnten vorher schon zu sechst als Familie in meiner Burg. Manchmal wohnen mehrere Clans oder Dachsgruppen zusammen. Innerhalb der Familie paaren sich nur meine Frau und ich, die dominante Dachssau und der Dachsbär. Andere Dachse müssen aufpassen, denn ich verteidige meine Familie energisch.

WAS IST DAS für ein Geruch? Dieser Ventilationsschacht führt direkt ins Freie, und Gefahr rieche ich schon auf große Entfernung, auch wenn ich keine natürlichen Feinde habe – bis auf den Menschen. Ihr habt einen Hund, den Dackel, der dafür gezüchtet wurde, meinen Bau zu bejagen. Daher der Name Dachshund. Heute bejagt ihr mich nicht mehr wegen meines Fells, Fleisches oder Fetts, von dem die Bergarbeiter dachten, es könne ihre Leiden lindern. Viel Verkehr und Kanäle mit hohen Rändern töten jedoch noch viele meiner Artgenossen. Trotzdem geht es mir in den letzten Jahren gut.

DIE TOILETTE? Die ist draußen. Was dachtest du denn! Die Latrine liegt am Rand unseres Reviers, das wir mit Moschus markieren, einem Stoff aus einer Drüse unter unserem Schwanz. Der kahl gekratzte Baum ist für unsere Nägel. In acht Wochen findest du unsere Jungen beim Spielbaum. Dort rennen sie sich im Kreis hinterher.

ICH KÖNNTE dir noch viel mehr erzählen, aber ich muss noch Essen suchen für meine Frau und die Kinder. **TSCHÜS!**

ART: Säugetier > Raubtier > Marderartige > *Meles* > *Meles meles*
VORKOMMEN: Europa, Russland bis zur Wolga, im Nahen Osten bis zum südlichen Israel, Zentralasien.
LÄNGE: 65 – 80 cm, das Männchen etwas größer
GEWICHT: Männchen 9 – 17 kg, Weibchen 6,6 – 13,9 kg
LEBENSERWARTUNG: 3 – 6, maximal 15 Jahre
BESTAND: ca. 3.000 bis 3.500 Individuen; in Deutschland gehört der Dachs zu den jagdbaren Arten, da die Jagd auf Dachse ausschließlich aus Tradition geschieht und die erlegten Tiere nicht verwertet werden, fordert der NABU, Dachse aus dem Jagdrecht zu streichen.
GEFÄHRDUNG: nicht gefährdet

ART: Säugetier > Insektenfresser > Igel > *Erinaceus* > *Erinaceus*
VORKOMMEN: Süd- und Westeuropa, Mitteleuropa, in Teilen von Skandinavien und Nordwest-Russland.
LÄNGE: 19 – 31 cm, das Männchen größer
GEWICHT: 258 – 1375 g
LEBENSERWARTUNG: im Durchschnitt 5 – 6, maximal 10 Jahre
BESTAND: unbekannt
GEFÄHRDUNG: nicht gefährdet

SCHLÜRF. Köstlich, so ein Käfer. Schmatz, Schlabber. Und eine Schnecke. Unappetitlich? Ich esse doch nur! Ich bin ein lautstarkes Wesen. Ich pfeife, schnüffele und schnaufe. Und ich knurre wie ein Schweinchen; auf Englisch heiße ich hedgehog, was so viel heißt wie „HECKENSCHWEIN“. Ich liebe gute Verstecke, unter einer Hecke, im Reisighaufen oder im Kompost.

IGEL

ICH STÖBERE an Waldrändern und Weiden, und immer häufiger in der Stadt – vor allem in Parks und in Gärten (bitte kein Schüsselchen mit Milch hinstellen, davon bekomme ich DURCHFALL!). Immer nachts, denn tagsüber schlafe ich. Das ist auch dringend notwendig, denn ich laufe etliche Kilometer, bis ich mein Insektenmenü zusammengesucht habe.

WIE EIN Hund habe ich eine feuchte Spürnase. Je feuchter, desto besser. Ich fange das leiseste Geräusch auf, und mit den Schnurrbarthaaren taste ich meine Umgebung ab. Und ich habe noch einen „sechsten“ Sinn, wie Schlangen: das Jacobson-Organ zwischen Gaumen und NASENHÖHLE. Das hilft mir, neue Gerüche kennenzulernen. Sobald ich weiß, was etwas ist, produziere ich eine Menge Speichel und verteile ihn auf meinem Körper. Warum? Das habt ihr bislang nicht herausgefunden!

UND DANN meine Stacheln. Ich habe etwa 8.000 Stück, 2 bis 3 Zentimeter lang, und ich ersetze sie jedes Jahr. Eigentlich sind sie so was wie sehr kräftige Haare. Sehr spitz. Wenn ich mich bedroht fühle, rolle ich mich zu einer Kugel zusammen und richte meine Stacheln mit einem speziellen Ringmuskel auf. Kein Raubtier traut sich dann an mich heran! (Obwohl ich auch ausgezeichnet rennen und schwimmen kann.) Diese Stacheln sind sowieso praktisch. Wenn ich falle, sind sie ein hervorragender Airbag. Wir Igel werden nackt geboren, aber schon nach wenigen Stunden erscheinen unsere ersten, dann noch weißen Stacheln.

BEVOR ich Junge bekommen kann, muss ein Männchen es erst einmal schaffen, mich zu fangen! Das dauert Stunden, und geht mit viel Lärm einher. Ich gebe mich schließlich auch nicht mit dem Erstbesten zufrieden! Wenn mir einer gefällt, lege ich alle Stacheln flach an, und dann paaren wir uns. Der Vater verschwindet dann bei NACHT UND NEBEL – ach, wir wohnen ja sowieso getrennt – und ich passe auf die fünf Jungen auf. Nach sechs Wochen sorgen sie für sich selbst. Oft verbringen sie ihren ersten Winterschlaf noch in der alten Nisthöhle.

UM ENERGIE zu sparen, sinkt meine Körpertemperatur im Winterschlaf von 35 auf 5 Grad ab, und ich verliere 30 Prozent meines Körpergewichts (keine Sorge: vorher habe ich mich noch KUGELRUND gefressen). Mein Herz schlägt nicht 180-, sondern 9-mal pro Minute, und ich atme nur ein paarmal ein und aus. Wird es draußen wieder wärmer, verlasse ich mein Blätternest. Und dann habe ich einen Bärenhunger!

IN DEN LETZTEN zehn Jahren sind viele Igel verschwunden. Im Winterschlaf bin ich leicht verwundbar, eure Steingärten und Holzzäune sind schlichtweg eine Katastrophe, und im Straßenverkehr sterben jährlich ein paar Hunderttausend von uns. Also lasst uns bitte ein wenig grüne Unordnung im Garten, grabt Löcher unter euren Zäunen, und ich komme gern bei euch vorbei.

MAUERSEGLER

SCHON MAL so ein schrilles Geschrei über eurem Haus gehört? Das bin ich! Ich ähnele ein wenig einer Schwalbe mit meinen sichelförmigen Flügeln und dem gegabelten Schwanz. Na, mit einem Kolibri habe ich noch mehr Ähnlichkeit! So richtige SCHREIPARTYS veranstalten wir vor allem, um einen Partner zu finden. Und dann fliegen wir Wettrennen, bis zu 113 km/h. Wir gleiten dicht aneinander vorbei. Ich bin der schnellste Vogel der Welt (in der Disziplin „Normalflug"; ein Wanderfalke ist im Sturzflug noch schneller ...). Ich wiederhole mich: SPITZENSPORT.

ART: Vogel > Segelvögel > Mauersegler > *Apus apus*
VORKOMMEN: brütet in Europa und Asien, überwintert im südlichen Afrika.
LÄNGE: 17–18,5 cm
FLÜGELSPANNWEITE: 40–44 cm
GEWICHT: 43–52 g
LEBENSERWARTUNG: im Durchschnitt 6, maximal 21 Jahre
BESTAND: 95–165 Individuen weltweit; in Deutschland 185.000–345.000 Brutpaare
GEFÄHRDUNG: nicht gefährdet

INNERHALB von drei Monaten müssen wir zwei bis drei Junge großziehen. Wir kommen erst Ende April bei euch an, immer am selben Ort und mit demselben Partner. Nach dem langen, erschöpfenden Flug müssen wir möglichst bald wieder fit werden – also viel essen! Ich fliege meistens in einer Höhe von 50 bis 100 Metern und schöpfe mit offenem Schnabel TAUSENDE fliegender Insekten auf.

MEIN NEST baue ich unter den Dachtraufen eurer Häuser und Bürogebäude, Hauptsache, es gibt eine kleine Höhle. Nistmaterial wie kleine Federn fange ich in der Luft auf. Nach drei Wochen schlüpfen die Küken nacheinander aus dem Ei, und dann fängt die Arbeit erst so richtig an. An einem einzigen Tag fangen meine Gefährtin und ich gut 20.000 Insekten. In meinem KEHLSACK sammele ich ein paar Hundert gleichzeitig, die ich als Speichelkugel vermischt für sie erbreche. Kurz gesagt: Spitzensport.

SOGAR meine ungeborenen Küken sind schon spitze: Wenn die Zeit für ihre Geburt noch nicht günstig ist, schieben sie ihre eigene Entwicklung bis zu einer Woche auf. Dasselbe gilt für die Neugeborenen. Für Außenstehende wirkt das wie eine Art WINTERSCHLAF. Eigentlich sparen sie so Energie. Als wüssten sie schon, was bald außerhalb des Nests auf sie wartet ... Ende Juli sind wir dann alle schon wieder auf dem Weg nach Afrika.

ICH BETREIBE SPITZENSPORT. Ich gebe immer mein Bestes. Fliegen, fliegen und noch mal fliegen. Ich verbringe praktisch mein gesamtes Leben in der Luft, ich esse, trinke und schlafe sogar im Fliegen. Eine Woche bevor sie flügge werden, machen meine Jungen PUSH-UPS mit ihren Flügeln, denn während ihrer ersten beiden Jahre setzen sie keinen Fuß auf den Boden! Als Erstes fliegen sie nach Südafrika, 7.000 Kilometer weit! Sie sind die geborenen Langstreckenzieher. Nicht viel später folge ich ihnen. An einem einzigen Tag kann ich bis zu 800 Kilometer zurücklegen. Und das bei jedem Wind und Wetter!

OB KLEINE Schwergewichtler wie ich noch von etwas bedroht werden? Leider ja. LANGSTRECKENZIEHEN verlangt seinen Tribut. Was glaubst du denn, was bei plötzlich einsetzendem Schlechtwetter über den Bergen passiert? Mit Jägern und Vogelfängern in Südeuropa und Afrika, und in größerer Höhe mit den Flugzeugen? Und dann muss ich auch im Fliegen genügend Insekten fangen. Trotzdem liegt die größte Gefahr im Mangel an geeigneten Brutstätten. Ihr Menschen renoviert eure Häuser zu gut. Sogar eine kleine geeignete Höhle zu finden ist heutzutage – du ahnst es schon – Spitzensport.

GRAUGANS

ART: Vogel > Gänsevogel > Entenvogel > *Anser anser (anser)*
VORKOMMEN: westliche Unterart *(anser)* brütet in Nord-, West- und Zentraleuropa, überwintert in West- und Südeuropa, Nord-Afrika; östliche Unterart *(rubrirostris)* brütet von Zentraleuropa bis Sibirien, China; überwintert von Nahost bis Nordindien und Südchina.
LÄNGE: 74 – 84 cm
FLÜGELSPANNWEITE: 149 – 168 cm
GEWICHT: 3 – 4 kg
LEBENSERWARTUNG: im Durchschnitt 8, maximal 30 Jahre
BESTAND: 1,1 Millionen Individuen weltweit; in Deutschland 42.000 – 59.000 Brutpaare, bis zu 180.000 Wildgänse überwintern bei uns am Niederrhein.
GEFÄHRDUNG nicht gefährdet

SIEHST DU MICH? Ich bin die Vorderste der Familie. Aber ich bin nicht immer vorn, denn gleich übernimmt eine andere die Führung. Die **V-FORM,** in der du uns beim Überfliegen immer siehst, kostet einfach am wenigsten Energie. Wir sind wie die Fahrer in einem Radrennteam. Sehr praktisch im Frühjahr, wenn man bis hoch in den Norden nach Skandinavien und Sibirien zurückfliegen muss.

ICH HALTE diesen Zug mittlerweile für überflüssig. Immer mehr Familienmitglieder denken wie ich. Hier können wir doch auch prima brüten! Vor 40 Jahren war das noch ganz anders. Da habt ihr sogar noch Artgenossen aussetzen müssen, obwohl vor allem die Naturschutzgebiete zu unserer Rettung beigetragen haben. Dort fanden wir die Ruhe, die es anderswo – beispielsweise durch die Jagd – nicht mehr gab. Außerdem sorgt all der **KUNSTDÜNGER** heutzutage für ausgezeichnetes, viel- und schnellwachsendes Gras – zufällig genau meine Lieblingsspeise!

GRAS und Wasser und Platz, sage ich immer. Dann bin ich zufrieden. Ich brüte in Sümpfen, und sogar in der Stadt. Ich überwintere in Wiesen und auf Äckern, am Wasser oder in der nassen Natur. Dort grase ich alles schön kurz, auch junges Schilf, und halte die Landschaft offen. Außerdem knabbere ich an **PFLANZENWURZELN,** Sämereien und Früchten. Oh ja, und natürlich an allem, was die Bauern auf den Feldern so stehen lassen.

Und dann mein Name! Grau. Ja, vielleicht meine Federdecke (obwohl ich orange-rosa Füße und einen knallorangen Schnabel habe), aber in meinem Verhalten bin ich sehr farbenfroh. Ich bin eine richtige **FAMILIENGANS.** Ich brüte etwa sechs Eier gleich neben meiner Mutter und meinen Schwestern aus. Manchmal legt mir eine meiner Schwestern ein Ei ins Nest, wie ein Kuckuck. Ich mache dann zwar eine Menge Lärm, brüte es aber trotzdem aus. Denn je mehr Küken, desto besser: Spitzenpaare mit vielen Nachkommen dürfen an den saftigsten Stellen grasen! Deswegen werden Küken regelmäßig adoptiert, manchmal laufen sie sogar aus eigenem Antrieb über! Letztes Jahr haben meine Schwester und ich so getan, als wären wir ein Paar. Denn als Paar konnten wir uns einen besseren Grasplatz sichern! Aber jetzt habe ich den Mann fürs Leben gefunden. Und unsere Nachkommen verteidigen wir bis zum letzten Gack.

DIE BAUERN, jaja. Die glauben, ich fresse zu viel von ihren Wiesen. Sie töten und stören mich. Immer wieder gibt es Ärger. Aber brauchen die wirklich jeden Grashalm für sich? Ich gebe zu, manchmal lasse ich mich mit Tausenden zugleich auf einer Wiese nieder, aber sogar ihr seid euch inzwischen darüber einig, dass nicht jede Kuh bis zum letzten Tropfen **GEMOLKEN** werden sollte.

Eine dumme Gans bin ich also sicher nicht. Das gilt vielleicht für meine zahmen Familienmitglieder (ich selbst werde auch als Wildgans bezeichnet). Zahme Gänse haben sich jahrhundertelang wegen der *foie gras*, also Leberpastete, ihrer Daunen, und ihrer **SCHWUNGFEDERN** ausnutzen lassen, mit denen ihr geschrieben habt. Manchmal paare ich mich noch mit ihnen, genau wie mit Brandgänsen und Kanadagänsen. Ich bin eben ein Fan der Großfamilie!

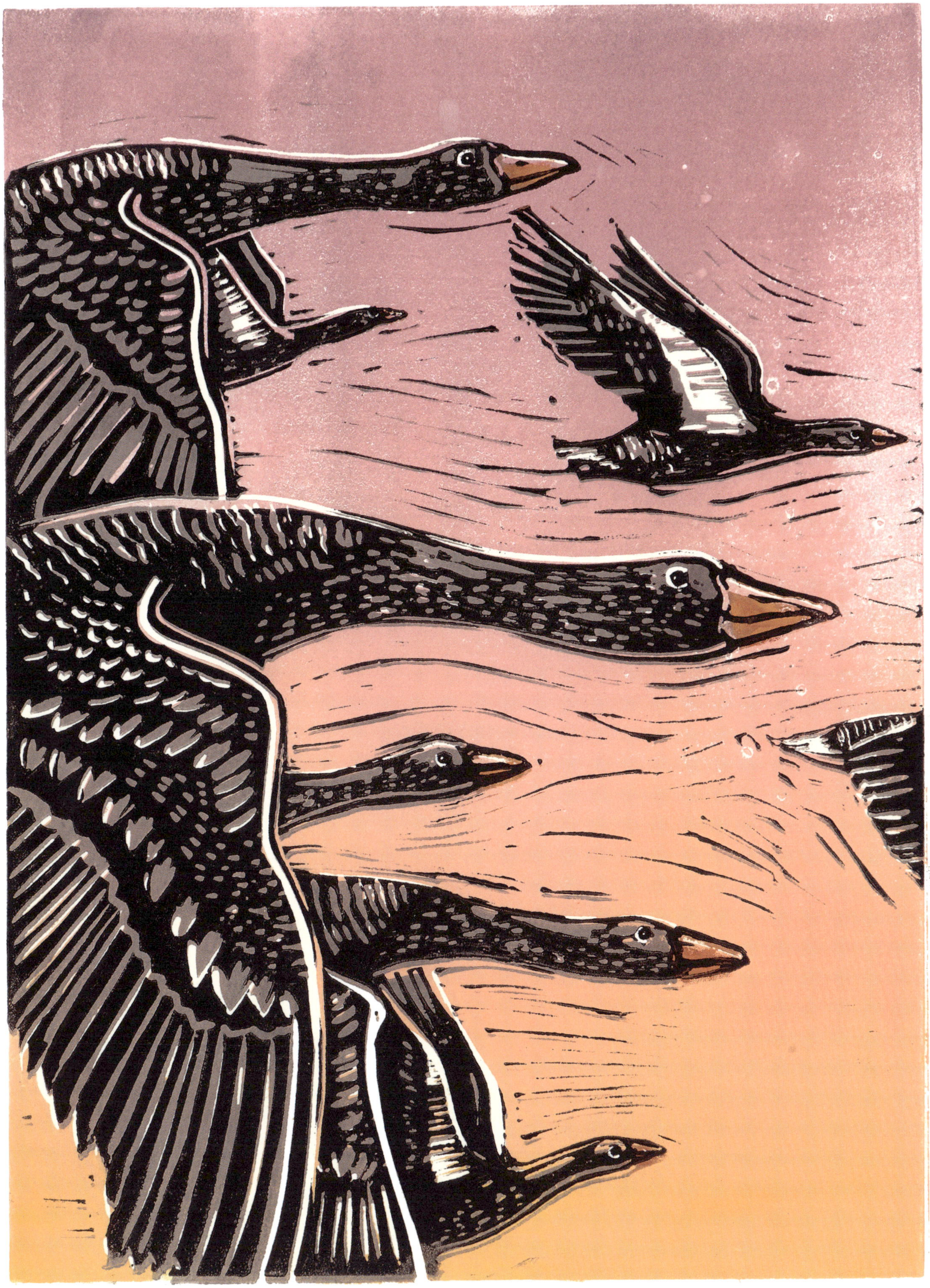

MITTLERER WEINSCHWÄRMER

WORAN DENKST DU, wenn du dir eine Motte vorstellst? Bestimmt nicht an einen Schmetterling wie mich! Ich bin **KAUGUMMIROSA** mit olivgrünen Streifen, und wenn ich die Flügel spreize, bin ich gut 6 Zentimeter groß. Ich selbst spreche daher lieber von Nachtfaltern als von Motten. Schließlich stamme ich nicht aus der Mottenkiste, im Gegenteil!

EINST war ich ein anderes Tier – vor acht Monaten war ich nämlich noch eine Raupe! Im Sommer bin ich dann aus einem Ei auf einem Weidenröschen am Grabenrand einer mageren Wiese geschlüpft. Eine kleine, knallgrüne Raupe. Zum Glück fiel ich mit der Nase voran in die Blätter. In meiner Nähe standen auch noch **BLUTWEIDERICHE** und Nachtkerzen: ein wahres Eldorado! Ein paar Cousins von mir lebten auf Fieberkleeblättern in einem Teich. Die mussten schwimmen, um zu ihrer nächsten Mahlzeit (oder einem Blatt) zu gelangen!

ICH aß und ich wuchs, wurde immer dicker, bis ich so groß war wie der kleine Finger eines Erwachsenen. Inzwischen war ich braun geworden, mit einem kleinen Pfeil auf dem Schwanz. Ich gehöre zur Familie der Schwärmer. Manche von euch finden, dass ich als Raupe eine gewisse Ähnlichkeit mit einem Elefantenrüssel habe. Daher heiße ich umgangssprachlich auch Elefantenfalter, mein englischer Name lautet elephant hawk moth. Und damit es noch komplizierter wird: Kurz bevor ich mich selbst als Puppe in einen braunen Kokon gesponnen habe, sah ich aus wie eine Schlange, mit zwei furchterregenden **AUGENFLECKEN** zur Abschreckung von Feinden. Wenn mich jemand zu stören wagte, „blies" ich diese Flecken auf, und bewegte sie hin und her.

MAGISCH wurde es dann im Winter in meinem Kokon. Ich verwandelte mich von einer Raupe in eine Puppe in einen Falter. Und im Frühling bin ich unter einer dicken Blätterschicht aus meinem Kokon geschlüpft. Genau zur richtigen Zeit, um den Nektar meiner Lieblingspflanze aufsaugen zu können: **GEISSBLATT.** In der Dämmerung, wenn ich mich auf den Weg mache, duftet es unbändig! Ich liebe die Nacht, wie auch mein wissenschaftlicher Name schon sagt. Das griechische deile bedeutet „Abend" und phileo „lieben". Und elpenor, fragst du dich jetzt? Elpenor war einer der Seeleute, die den griechischen Helden Odysseus begleiteten. Die Zauberin Kirke (oder lateinisch Circe) verwandelte ihn in ein Schwein. Mein Raupenkopf soll auch davon etwas haben. Also, das sehe ich ganz anders!

ICH FINDE, ich bin schön. Ist Rosa nicht auch deine Lieblingsfarbe? Durch meine großen Linsen kann ich im Dunkeln Farben sehen, und **ULTRAVIOLETT!** Ich sehe also gut, und weiß ganz genau, wer am buntesten leuchtet. Wenn ich mich mit dem schönsten Falter gepaart habe, lege ich, das Weibchen, die Eier auf der zukünftigen Nahrungsquelle der nächsten Generation ab. Geboren werden mit Fühlern und Füßen mitten im Essen ... was kann ein Schmetterling noch mehr wollen?

TAGSÜBER ruhe ich mich aus, meist auf einer rosafarbenen Blüte, damit mich Feinde (oder Menschen) nicht sehen – auch wenn mich nicht so sehr viel bedroht. Es gibt noch so viele Weinschwärmer. Ich esse sogar neue Pflanzen, die sich aufgrund des Klimawandels hier ansiedeln, wie das **DRÜSIGE SPRINGKRAUT.** Ja, ich passe mich recht gut an.

ART: Insekt > Schmetterling (Nachtfalter) > Schwärmer > *Macroglossinae* >*Deilephila* > *Deilephila elpenor*
VORKOMMEN: Europa bis auf Nordskandinavien und Zentralspanien, Kleinasien bis Nord-Iran.
LÄNGE RAUPE: bis 80 mm
LÄNGE VORDERFLÜGEL SCHMETTERLING: 28 – 33 mm
FLÜGELSPANNWEITE: 40 – 60 mm
GEWICHT: unbekannt
LEBENSERWARTUNG RAUPE: maximal 1 Jahr, den größten Teil davon als überwinternde Puppe
LEBENSERWARTUNG SCHMETTERLING: einige Wochen
BESTAND: unbekannt
GEFÄHRDUNG: nicht gefährdet

UFERSCHNEPFE

ART: Wat- oder Weidevogel > Regenpfeiferartige > Strandläufer und Schnepfen > *Limosa* > *Limosa limosa*
VORKOMMEN: brütet von Nordwesteuropa bis Zentralasien und Sibirien. Die westeuropäische Population überwintert in Südeuropa und Westafrika, die weiter östlich lebende Population zieht nach Südosteuropa und in den Nahen Osten, die nordasiatische Unterart melanuroides überwintert in Indonesien und Australien, die isländische islandica zieht unter anderem nach Großbritannien, Frankreich und Spanien.
LÄNGE: 37 – 42 cm
FLÜGELSPANNWEITE: 63 – 74 cm
GEWICHT: 280 – 340 g
LEBENSERWARTUNG: im Durchschnitt 10 – 15, maximal 30 Jahre
BESTAND: 614.000 – 809.000 Individuen weltweit; in Deutschland 3.600 – 3.800 Brutpaare
GEFÄHRDUNG: weltweit potenziell gefährdet, in Deutschland auf der Roten Liste der gefährdeten Brutvögel

SIEHST DU IHN SCHON? Ich warte jetzt schon seit einigen Tagen auf meinen Mann. Er ist ein richtig Schöner! Wir kommen schon seit Jahren zusammen. Im Sommer wird seine braungraue Brust zu einem prachtvollen Rotbraun. Ich kann es kaum erwarten, mit ihm zu tanzen, auf seinen langen Beinen ist er sehr elegant. Er schlägt **SALTOS** und stürzt sich für mich in die Tiefe – er legt sich mächtig ins Zeug!

JEDES JAHR im Frühjahr kehren wir gemeinsam in das Gebiet zurück, in dem ich zum ersten Mal gebrütet habe. Heute sind diese feuchten Wiesen auf Moorböden mit den vielen Kräutern und Blumen eine Seltenheit.

AH, ein frischer Regenwurm! Ein guter Boden ist schon die halbe Mahlzeit, sage ich immer. Das ist der beste Ort, um demnächst meine drei oder vier Küken aufzuziehen. Na ja, das machen sie im Wesentlichen selbst. Die Küken verlassen nämlich sofort ihre trockene Nestkuhle im hohen Gras und suchen sich in der Wiese selbst ihr Essen zusammen. Natürlich zeigen mein Mann und ich ihnen, wo die Insekten sitzen. Nur im ersten Monat kuscheln sie sich noch hin und wieder unter unsere warmen Flügel.

MEISTENS lebe ich mit anderen zusammen. Sechs oder acht Uferschnepfen sehen und hören schließlich mehr als zwei. Das ist praktisch, wenn Füchse oder Reiher versuchen, meine Küken zu stehlen. Mein größter Feind ist allerdings der **GRASMÄHER.** Wenn der Bauer zu früh mäht, sind meine Küken noch zu jung, und dann … daran will ich lieber nicht denken! Zum Glück nehmen immer mehr Bauern Rücksicht und mähen erst, wenn die Küken ausgeflogen sind. Außerdem: Je mehr Gras dort steht, desto mehr Insekten gibt es für meine Kleinen, und sie sind weniger gut sichtbar für Raubtiere.

IM SOMMER fliegen wir von unseren feuchten Rastplätzen zu Tausenden gleichzeitig in den Süden. Und das geht wahnsinnig schnell, gut 130 km/h! Schließlich wollen wir uns auch nicht zu lange über der Sahara aufhalten. Ich überwintere in Südeuropa, im Senegal und in **GUINEA-BISSAU.** Weil ich immer früher in der Saison ankomme, wollen mich die westafrikanischen Bauern lieber möglichst schnell wieder loswerden. Ich ernähre mich dort nämlich vor allem vegetarisch und picke den frisch eingesäten Reis auf.

GRUTTO! GRUTTO!" Ich glaube, ich höre ihn schon singen. Diesem Klang verdanke ich auch meinen niederländischen Namen, Grutto. Im Plattdeutschen heißen wir aus demselben Grund in manchen Regionen „Greta". Bei Gefahr stoße ich allerdings grellere, hohe Töne aus. Früher waren wir noch zu sehr vielen, und eine Redensart behauptet, dass alle Vögel im Mai Eier legen, nur der Kuckuck und wir nicht. Wie kommt ihr nur darauf? Ich jedenfalls lege von März bis Juni Eier.

ICH BIN stolz darauf, Nationalvogel der Niederlande zu sein. Nirgends brüten mehr Paare als dort. Aber die Frage ist, wie lange noch? Unsere Zahl ist seit Jahren rückläufig. Seit 1990 gibt es jedes Jahr 5 Prozent weniger von uns. Ich brauche dringend eure Hilfe. Ah, da ist ja mein Mann. Und er ist schon so schön gefärbt!

ICH BIN GENAU WIE EIN KANINCHEN? Pfft. Ich bin schwerer und größer, meine Ohren (mit schwarzen Spitzen) sind länger, und wenn ich renne, halte ich mein Schwänzchen gerade. Meine Jungen laufen schon nach einem Tag selbst, während **KANINCHENKINDER** wochenlang dafür brauchen. Ich lebe allein, Kaninchen zusammen. Okay, mit unserer Doppelzähnigkeit gehören wir zur selben Familie, den Hasenartigen. In der Lippe haben wir beide die sogenannte Hasenscharte und wir sind beide braun. Oh, und ja, auch ich esse meinen eigenen Kot. Aber sonst sind wir so unterschiedlich!

HASE

MEINE FERNEN Vorfahren wohnten in der zentralasiatischen Steppe. Mit dem Verschwinden der Wälder nach der letzten Eiszeit verbreiteten sie sich nach Westeuropa. Jetzt lebe ich auf Äckern und Wiesen. Ich bin ein **PFLANZENFRESSER**, und ganz scharf auf 63 verschiedene Arten wilder Kräuter und Gräser, aber eure Saaten esse ich auch gern! Ich brauche Hecken, Waldränder und Sträucher, in denen ich Unterschlupf finde, doch die gibt es immer seltener. Ich habe es schwer. Warum ist die Jagd auf mich noch immer nicht ganz verboten?

UM FEINDEN zu entgehen, baue ich ein Hasenlager, zum Beispiel eine Bodenmulde. Rieche ich Gefahr, drücke ich mich flach auf den Boden, die Ohren am Körper angelegt, und vertraue auf meine **TARNFARBE**. Wetten, dass du mich nicht siehst? Kommt mir ein Feind – ein Fuchs, eine Eule oder ein Mensch – doch zu nahe, dann mache ich mich so schnell wie ein, äh, Hase davon, mit einer Geschwindigkeit bis zu 60 km/h. Um meinen Verfolger abzuschütteln, verändere ich plötzlich die Richtung in einem Winkel von 90 Grad, einem sogenannten „**HAKEN**". Manchmal schlage ich zurück, denn ich bin kein Angsthase! Sogar im Schlaf bin ich aufmerksam. Mein Tiefschlaf dauert nie länger als 3 Minuten.

MEINE PAARUNGSZEIT beginnt schon im Februar und geht bis zum Ende des Sommers, und dann habe ich jede Menge damit zu tun, die Männchen von mir wegzuboxen. Wortwörtlich! Früher dachtet ihr, die Männchen würden miteinander um die Weibchen kämpfen. Das passiert auch (manchmal gefolgt von heftigen Verletzungen), aber wenn du Hasen „**BOXEN**" siehst, dann handelt es sich meistens um ein Weibchen, das noch keine Lust auf ... äh, du verstehst schon. Ich bin sechs Wochen lang trächtig und im Laufe eines Jahres bekomme ich dreimal je zwei oder drei Häschen. Die säuge ich einmal am Tag, eine Stunde nach Sonnenuntergang. So kann ein Raubtier sie fast nicht bemerken. Nach einem Monat müssen sie selbst sehen, wie sie zurechtkommen.

ART: Säugetier > Hasenartige > Hasen und Kaninchen > *Lepus* > *Lepus europaeus*
VORKOMMEN: Europa, vom nördlichen Spanien bis zum südlichen Skandinavien, bis in Teile des nördlichen Nahen Ostens und östlich bis nach Sibirien. Eingeführt in Südamerika, Nordamerika, Australien und Neuseeland.
LÄNGE: 55 – 68 cm
SCHWANZLÄNGE: 7,5 – 14 cm
GEWICHT: 3,5 – 5 kg
LEBENSERWARTUNG: bis über 10 Jahre, 75 % sterben im ersten Lebensjahr
BESTAND: Naturschützer gehen davon aus, dass zwischen zwei und drei Millionen Feldhasen in Deutschland leben.
GEFÄHRDUNG: nicht vom Aussterben bedroht, aber auf der Roten Liste gefährdeter Tierarten.

MEINE VERRÜCKTEN Frühjahrskapriolen – meine bis zu 3,5 Meter hohen Sprünge – haben bestimmt den englischen Ausdruck „so verrückt wie ein Märzhase" ins Leben gerufen. Ihr findet mich recht geheimnisvoll.

VIELLEICHT, weil ich vor allem im Dunkeln aktiv bin? Eine Gruppe von Hasen im Mondlicht hielten die Menschen im 17. Jahrhundert für tanzende **HEXEN** ...

UND was haltet ihr davon, dass der Osterhase die Eier bringt? Na, also das ist doch wirklich nur ausgedacht, wahrscheinlich im 19. Jahrhundert. Aber Hasen sind schon lange ein Symbol für **FRUCHTBARKEIT** und einen Neuanfang – lange bevor die Christen anfingen, ihr Osterfest zu feiern.

MOORFROSCH

HAST DU jemals eine so schöne Farbe gesehen? Die **MOORFROSCH-WEIBCHEN** hoffentlich noch nicht. Ein paar Tage im Jahr verwandele ich mich: aus einem schmutzig-braunen Frosch mit zwei Drüsenleisten entlang einem hellen Rückenstreifen wird ein himmelblauer Adonis. Ich mache so vielen Weibchen den Hof, wie ich nur kann. Ich hocke zwischen sehr vielen anderen Männchen, also quake ich kräftig drauflos. Für euch hört sich das so an, als würde eine Luftblase aus einer unter Wasser gehaltenen Flasche entweichen. Plopp!

AN UFERN, ins flache, stehende Gewässer, legt ein Weibchen zwischen 600 und 3.000 befruchtete Eier. Oder auf eine treibende Wasserpflanze – obwohl dort, wo ich brüte, nicht viel Nahrung zu finden ist. Sie macht sich gleich davon, während ich auf ein zweites Weibchen hoffe. Wir Frösche pflanzen uns leicht und viel fort. Wusstest du, dass die alten Ägypter Heket, die Göttin der Fruchtbarkeit und der Geburt, mit einem **FROSCHKOPF** abbildeten? Vor Tausenden von Jahren war es ein großes Rätsel, wo die Frösche herkamen. Ihr dachtet, wir würden von selbst entstehen. Bis ein gewisser Lazzaro Spallanzani entdeckte, dass männliche Frösche ein dringend benötigtes Zeug bei sich trugen – der Forscher hatte dafür gesorgt, dass eines der Froschmännchen bei der Paarung eine Mini-Unterhose trug. Ungelogen!

ZURÜCK zu meinem Leben. Die Larven (Kaulquappen) schlüpfen nach ein paar Tagen bis zu einigen Wochen aus den Eiern. Sie leben von kleinen Wassertierchen und -pflanzen. Oft landen sie in einem **FISCHMAUL** oder sie werden von einem anderen Raubtier gefressen. Nach ein paar Monaten kommen die Überlebenden als kleine Frösche an Land.

ICH LEBE nicht nur in der Moorheide, sondern auch auf Moorboden und in Wiesen, sogar im Wald (Pfützen!) komme ich vor. Ich bin recht scheu. Eine **RINGELNATTER** sehe ich aus etwa 20 Metern Entfernung. Dann flüchte ich ins Gebüsch oder mache es wie eine Gelbbauchunke: ich drücke mich flach auf den Boden, hebe die Vorderbeine und lege meine Hände mit den Handflächen nach oben auf die Augen.

ICH ÜBERWINTERE ab dem Herbst an Land, und das am liebsten eisfrei. Ende Februar komme ich als einer der ersten Frösche wieder zum Vorschein. Wenn ich in **WIESENGRÄBEN** im kalten Schlamm überwintere, der sich etwas langsamer aufwärmt, tauche ich erst ein paar Wochen später auf. Dort kommen auch viel weniger blaue Froschmännchen vor: es sind sowieso weniger Frösche, und die verteilen sich auch noch über ein größeres Gebiet. Ich werde in der Paarungszeit nämlich nur blau, wenn ich genügend andere Männchen sehe.

ART: Amphibie > Frosch > Echter Frosch > *Rana* > *Rana arvalis*
VORKOMMEN: von Nordwest-, Mittel- und Osteuropa und Asien bis weit nach Sibirien.
LÄNGE: 4,5 – 6 cm
GEWICHT: 15 – 30 g
LEBENSERWARTUNG: Larve 1,5 bis 4 Monate, Frosch 10 – 12 Jahre
BESTAND: unbekannt
GEFÄHRDUNG: nicht gefährdet

ICH ESSE vor allem schnelle Insekten. Tagsüber Schmetterlinge und andere fliegende Arten, außerdem Käfer, Spinnen und Insektenlarven. Ich jage mit einem Sprung. Obwohl ich ausgezeichnet schwimmen kann, bin ich ein **LANDFROSCH.** Das kannst du an meinen Schwimmhäuten erkennen, die nicht bis zu den Spitzen meiner längsten Finger und Zehen reichen. Weit komme ich nicht an einem Tag, vielleicht so knapp zehn Meter.

ICH MAG keine Kälte, aber auch keine Trockenheit. Und dann die heißen Sommer der letzten Jahre … Mein Lebensbereich zerbröselt immer mehr. Es wäre doch zu schade, wenn ihr meine himmelblaue Farbe nie wieder bewundern könntet?

EISVOGEL

HAST DU DEN BLAUEN BLITZ GESEHEN? Das war mein Gefährte. Pfeilschnell, mit 80 km/h, taucht er mit geöffnetem Schnabel ins Wasser. Ein zusätzliches Augenlid schützt seine Augen.

AHA, ein Stichling. Einmal kräftig **GEGEN EINEN AST** schlagen, und dann mit dem Kopf voran runterschlucken. Was wir nicht verdauen können, würgen wir später als Gewölle wieder heraus.

MANCHMAL ist mein Partner eine Weile weg. Bestimmt hat er noch ein zweites Nest. Zugegeben, ich habe meinen Mann auch schon mal mitten in der Brutzeit gegen einen anderen ausgetauscht. Wir nehmen es nicht so genau mit der ehelichen Treue. Aber ein Männchen muss mich schon erst mit einem Fisch verführen.
Ich habe 2 oder 3 Gelege in derselben **NISTHÖHLE:** fast einen Meter tief im sandigen Ufer. Kann ein Küken erst einmal fischen, kann es abzwitsch–, äh, ausziehen. Wir sorgen aber dafür, dass sie einen guten Start haben; beim Auszug wiegen sie fast anderthalb Mal so viel wie ich. Es sterben schon genug Küken.

HEUTZUTAGE sind die Winter um einiges milder als früher. Es hätte nicht viel gefehlt, und meine Vorfahren wären im strengen Winter 1963 **ERFROREN.** Na ja, vor allem die Männchen. Sie neigen dazu, in der Nähe ihres Brut- und Essplatzes zu bleiben, auch wenn der zufriert und ihr Nahrungsvorrat damit abgeschnitten wird. Weibchen ziehen außerhalb der Brutzeit häufiger herum und fliegen aufs offene Wasser hinaus. Der Name, den ihr mir gegeben habt, ergibt wirklich keinen Sinn. Eis kann mir gestohlen bleiben. Mein Tipp, wenn du mir im Winter helfen willst: hack ein Loch ins Eis! Weißt du, der Klimawandel ist für uns seltsamerweise gar nicht so übel.

ART: Vogel > Rackenvogel > Eisvogel > *Alcedo* > *Alcedo atthis*
VORKOMMEN: Europa außer Island, Nordafrika und Russland; große Teile von Asien.
LÄNGE: 17 – 19,5 cm
FLÜGELSPANNWEITE: 24 – 26 cm
GEWICHT: 34 – 46 g
LEBENSERWARTUNG: im Durchschnitt 1 – 2, maximal 7 Jahre
BESTAND: 780.000 – 1.340.000 weltweit; 4.500 – 7.000 Brutpaare in Deutschland
GEFÄHRDUNG nicht bedroht; in Deutschland befindet er sich auf der Vorwarnliste

NOCH EINMAL zurück zu meinem Namen: den soll ich bekommen haben, weil ich mich im Winter oft auf einem kahlen Ast über einem Eisloch aufhalte. (Eigentlich siehst du mich dann nur einfach besser wegen der kahlen Bäume ...) Vielleicht ist es aber auch eine Ableitung von Eisenvogel, nach meinen metallblauen Federn. Meine Farben sind sehr auffällig, nicht wahr? Als hätte ich die Sonne auf die Brust und den Himmel auf den Rücken bekommen, so heißt es in einer alten Legende über einen grauen Vorfahren. Der habe als einer der Ersten die **ARCHE NOAH** verlassen und sei so an seine Farbe gekommen. Mein Mann und ich sehen uns sehr ähnlich, aber die Unterseite meines Schnabels ist orange, und seine schwarz. Wie dem auch sei, wir sind klein, aber fein, und unerschütterlich. Den alten Griechen zufolge haben wir unsere Nester sogar auf den Wellen gebaut ...

ICH BLEIBE das ganze Jahr über hier. Von Zeit zu Zeit kommen Eisvögel von anderswo dazu. Hauptsache, ich habe ein leicht fließendes Gewässer, sauber und mit ausreichend Fisch. Ich liebe kleine **MÄANDRIERENDE** Flüsse mit steilen Uferhängen für meine Nisthöhle. Diese Landschaftsform wird zum Glück immer häufiger von euch geschützt.

OH, DA fliegt er wieder! Pfeilschnell. Oder biorra an uisce, wie die Iren uns so treffend nennen: **EIN WASSERSPEER.**

KAMMOLCH

WARUM ICH MICH SO KALT und feucht anfühle? Schwanzlurche, auch Salamander oder Molche genannt, sind Amphibien. Das sind kaltblütige Tiere, die sowohl an Land als auch im Wasser leben. „Amphibie" leitet sich vom griechischen amphibios ab, das „in beidem lebend" heißt. Meine **GROBKÖRNIGE** Haut ist feucht, weil sie sehr dünn ist und Wasser leicht hindurchlässt (deswegen muss ich fast nichts trinken!) Oh, und Sauerstoff übrigens auch. Ich habe zwar Lungen, aber das sind nur kleine Beutel.

DIE LARVEN schlüpfen nach ein zwei bis drei Wochen aus dem Ei. Sie essen vor allem „Kleinkram" wie Wasserflöhe oder Insektenlarven. Nach drei Monaten verwandeln sie sich in Salamander (Molche). Dann verlieren sie ihre **ÄUSSEREN KIEMEN** und verlassen das Wasser. Ich esse größere Tiere, wie Froschlarven, und verspeise hin und wieder auch einen kleinen Wassersalamander wie den Teichmolch. An Land schlucke ich mit einem Bissen auch Schnecken und Würmer, und was ich an Insekten mit meiner ausklappbaren Zunge so kriegen kann. Immer nach Sonnenuntergang.

VERSTECKEN muss ich mich auf jeden Fall, denn es gibt viele Tiere, die mich auf ihrer Speisekarte haben. Iltisse, Ringelnattern, Graureiher, Enten, Gänse, Möwen ... Zu viele zum Aufzählen! Aus Drüsen in meiner knubbeligen Haut (an Land bin ich übrigens glatter!), spritze ich zur Abschreckung ein schäumendes, weißes, stinkendes Zeug – wenn sie nicht schon von meiner **UNTERSEITE** abgeschreckt wurden: die ist nämlich nicht dunkelbraun mit weißen Punkten wie meine Flanken und die Oberseite, sondern zeigt ein schwarzgeflecktes Grellgelborange. Wusstest du, dass jeder Kammmolch ein einzigartiges Fleckenmuster hat?

ICH ZEIGE euch mal schnell meinen Kamm. Sieht aus wie eine gezackte Säge. Schick, oder? Ich bekomme ihn erst, wenn ich im warmen Frühjahr ins Wasser umziehe (kein strömendes Wasser für mich, fischfrei bitte, und mindestens einen halben Meter tief). Der Kamm ist für die Damen, aber er gefällt mir selbst auch sehr gut. Nur im Wasser kann ich mich fortpflanzen. Wenn ich ein Weibchen sehe, stelle ich mich auf die Vorderbeine, und mache einen Katzenbuckel. Mein Schwanz tanzt wie eine Schlange und ich schwimme dabei rückwärts.
Das findet sie toll! Ich lasse mein **SAMENPAKET** fallen und das fängt sie wieder auf. Die 200 befruchteten Eier klebt sie unter das Blatt einer Wasserpflanze. Und das war's dann auch schon wieder.

MANCHMAL NENNT ihr mich auch Wasserdrachen. Warum das denn bloß? Sehe ich so gefährlich aus? Ihr seid selbst um einiges gefährlicher für mich als ich für euch. Der Klimawandel sorgt dafür, dass meine Tümpel, Niedermoore und Gräben immer häufiger zu früh austrocknen. Meine Larven haben so keine Chance, sich in Molche zu verwandeln. Und an Land findet sich kaum noch ein **VERSTECK** in Hecken oder Feldgehölzen. Auch nicht für meinen Winterschlaf.

IM WASSER schüttele ich einen Feind lässig ab, an Land bin ich nicht so schnell. Ich laufe ein bisschen wie ein Roboter. Wenn ich ein Bein oder den Schwanz verliere, wachsen sie nach ein paar Monaten wieder nach. Regeneration nennt ihr das mit einem vornehmen Wort. Völlig normal, sage ich.

ART: Amphibie > Lurch > Schwanzlurch > echter Salamander > *Triturus* > *Triturus cristatus*
VORKOMMEN: West-, Nord- und Mitteleuropa, bis nach Russland.
LÄNGE: 11 – 15 cm, Ausnahmen bis 20 cm
GEWICHT: Männchen 5 – 12 g, Weibchen 5 – 15 g
LEBENSERWARTUNG: 13 – 18 Jahre
BESTAND: unbekannt, abnehmend
GEFÄHRDUNG: weltweit nicht gefährdet; in Deutschland gilt er als gefährdet, besonders in Bayern bedroht. Er genießt auch europaweit besonderen Schutzstatus.

ERST LINKS, um den großen Rohrkolben herum, dann rechts an den Riedgräsern vorbei, wieder links am Ried entlang und zurück unter der Trauerweide. Und noch einmal, den **HINTERLEIB** immer leicht gekrümmt.

ICH BEWACHE mein Territorium einige Minuten lang, manchmal eine Viertelstunde. Kurz? Aus menschlicher Sicht vielleicht. Ich habe nur ein paar Monate auf dieser Erde. Und darin dreht sich praktisch alles um nur eine Sache: Fortpflanzung. Ich verjage jedes Männchen aus meinem Königreich. Mein wissenschaftlicher Name drückt es sogar doppelt aus: ich bin der Herrscher (anax) und Kaiser (imperator) meines Königreichs.

NEIN, ich sitze eigentlich nie lange still (sonst überfliegt gleich ein anders Männchen die Grenze!). Ich kann meine vier Flügel unabhängig voneinander bewegen und fliege genauso leicht aufrecht wie auf dem Rücken, und sowohl vorwärts als auch rückwärts. Ich bin kräftig grünblau gefärbt, mit durchsichtigen, **RAUCHIGEN FLÜGELN.** Die große Ader auf meinen Flügeln ist gelb. Und ich starre dich mit großen, grünen Guckern an, wenn ich mich morgens in der Sonne wärme. Kleiner Unterschied zwischen ihr und mir: ich habe einen schwarzen Streifen auf meinem blauen Hinterleib, „sie" ist grüner mit einem dunkelbraunen Streifen.

GROßE KÖNIGSLIBELLE

DIE FRAUEN halten uns Männer für Hitzköpfe. Na ja, darin steckt schon ein Körnchen Wahrheit. Fliegt ein Weibchen vorbei, packe ich sie mit meinem Hinterleib hinter ihrem Kopf. Während wir zu einem geeigneten Paarungsplatz fliegen, baumelt sie an mir, und wenn sie sich nicht losgeschüttelt hat, bilden wir dort ein herzförmiges Rad: Sie bringt die Spitze ihres Hinterleibs unter meine Brust, wo ich ein **SAMENPAKET** lagere. Die vielen befruchteten Eier legt sie auf treibendem Grün ab, am liebsten am Abend, wenn ich nicht da bin. Nach drei Wochen schlüpfen die Larven. Schwarz-weiße Streifen sorgen dafür, dass sie im Licht- und Schattenspiel auf dem Wasser kaum auffallen. Mückenlarven und Weichtiere bilden ihre Nahrungsgrundlage. Doch mehr als die Hälfte der Larven schafft es nicht, denn sie stehen ihrerseits auf dem Speiseplan anderer Wassertiere.

DIE LARVEN wachsen und häuten sich, wachsen und häuten sich. Sobald sie ausgewachsen sind, kriechen sie eines Nachts aus dem Wasser auf einen breiten Stängel oder ein Blatt. Und dann, am frühen Morgen, wenn es warm genug ist, platzt ihre Haut, und eine neue Königslibelle ist geschlüpft – die allerdings recht häufig sofort von der Zunge eines **KAMMMOLCHS** geschnappt wird. Tja.

ZUM GLÜCK werden den ganzen Sommer über neue Königslibellen geboren. Ich fliege ein paar Kilometer von meinem Geburtsort weg und erreiche schnell neue Lebensgebiete. Eine Pfütze oder ein Weiher, Niedermoore, Gräben und Kanäle, ich fühle mich schnell zu Hause. Ich bin ein strammer Bursche, der Größte meiner Familie, und greife mir mit Leichtigkeit einen Tagfalter, große **SCHWEBFLIEGEN** oder eine andere Libellenart. Meistens jage ich kleinere Beute, am liebsten „to go".

ABER GUT, genug geschwatzt. Mein Königreich verteidigt sich nicht von allein. Ich muss wieder auf Patrouille! Links, um den großen **ROHRKOLBEN** herum …

ART: Insekt > Libelle > echte Libelle > Großlibelle > *Anax* > *Anax imperator*
VORKOMMEN: Europa (bis südliches Skandinavien), westliches Asien und Afrika.
LÄNGE: Larve 45 – 56 mm
Länge Libelle 64 – 84 mm
GEWICHT: unbekannt
LEBENSERWARTUNG: Larve 1 oder 2 Winter, Libelle 1 – 2 Monate
BESTAND: unbekannt
GEFÄHRDUNG: nicht gefährdet

KAMPFLÄUFER

EIFERSÜCHTIG? ICH? Auf diese aufgeblasenen Platzhähne? Nein! Ich kenne meinen Platz. Und ich stehe immerhin auch an der Balzarena. Die noch jungen **RANDMÄNNCHEN** sind erst recht zu bedauern. Die müssen warten, bis ein Platzhahn krank oder tot ist … Sie sind wie Platzhähne, bevor sie einen festen Platz haben. Ich, ein Satellitenmännchen, bin kein Angeber und kämpfe nicht. Du erkennst mich an meinem immer weißen, manchmal gesprenkelten weißen Kragen und den perückenartigen Kopffedern. Nur die echten Kampfhähne tragen sie in allerlei Farben und Mustern.

ZUGEGEBEN: ein bisschen kompliziert ist es schon. Kämpfer, Satellitenmännchen, Randmännchen … wir sind doch alle Raufbolde oder Kampfhähne? Ja, aber von Geburt an ist unser Platz in der Balzarena vorbestimmt. Dort kämpfen wir um unsere Weibchen. Ich werde nie ein Kämpfer werden und ein Kämpfer nie ein **SATELLITENMANN.** Natürlich komme ich auch zum Zuge: Wenn die Machomänner untereinander kämpfen, schnappe ich ihnen einfach die Frauen unter der Nase weg. Warum sie uns trotzdem dulden? Na ja, je mehr schöne Kampfläufermännchen sich bei einer Arena sammeln, desto mehr Weibchen kommen dorthin. Das nennt man wohl eine Win-win-Situation.

ALLES SCHEIN! Denn so richtig kämpfen sie gar nicht, ihre Haube würde dabei bloß zerzaust und die **STIRNWARZEN** und prachtvollen Federn schmutzig. Und dann will sie kein Weibchen mehr haben. Dabei machen wir das alles doch nur für sie. Aber egal, wie viel Radau und Aufhebens wir auch betreiben – die Dame entscheidet!

UM ES noch komplizierter zu machen: es gibt auch noch den „Faeder“. Der sieht aus wie ein Weibchen – ohne Kragen und ein bisschen zu groß –, ist aber eigentlich ein Männchen. Das habt ihr erst vor Kurzem herausgefunden. Er soll der „Urkampfläufer“ sein – das Wort kommt aus dem Friesischen für „Erzvater“ –, und wir anderen Männchen mit unserem beeindruckenden **GEFIEDER** sollen uns erst später entwickelt haben. Er paart sich, ganz hinterhältig, mit Weibchen und Männchen. Ich verstehe ihn durchaus. Trotzdem fühle ich mich ein wenig außen vor gelassen. Zum Glück ist nur 1 Prozent aller Männchen ein Faeder.

NACH DER Paarung verliere ich mein schönes Kleid. Die Weibchen kümmern sich ab Mai um die Brut und Aufzucht unserer vier Küken. Das dauert nur einen Monat, denn wie alle Stelzenläufer sind sie schnell selbstständig. Früher haben wir zu Tausenden in euren Feuchtwiesen gebrütet. Tja, dort finde ich nicht mehr genügend Insekten und Larven. Für den Zug in die Sahelzone wähle ich immer öfter eine Strecke, die weiter östlich liegt. Dort esse ich im Winter den lokalen Reis und Sämereien, neben Würmern, Schnecken und Krebsartigen.

ES IST fraglich, wie lange ihr mich noch sehen könnt. Für unsere sensationellen Shows müssen wir schon in die sibirische Taiga und Tundra ausweichen. Eure ausgelaugten Böden sind der Hauptgrund für mein Verschwinden. Auch Wanderer, Raubtiere, die Jagd in Südeuropa und der Klimawandel lassen mich die Flucht ergreifen.

ALSO los, sei so kämpferisch wie ich – oder eigentlich noch mehr!

ART: Watvogel > Stelzenläufer > Strandläufer und Schnepfen > *Calidris* > *Calidris pugnax*
VORKOMMEN: brütet in Nordwest-Europa, in und um das Nordpolgebiet von Russland (Sibirien) und Asien; überwintert in Afrika, an einigen Orten in Europa und vom Nahen Osten bis Südostasien.
LÄNGE: Männchen 29 – 32 cm, Weibchen 22 – 26 cm
FLÜGELSPANNWEITE: Männchen 54 – 60 cm, Weibchen 46 – 49 cm
GEWICHT: 70 – 150 g
LEBENSERWARTUNG: Im Durchschnitt 4, maximal 13 Jahre
BESTAND: 1,5 – 10 Millionen Individuen weltweit; in Deutschland Überwinterer fast ausschließlich in der norddeutschen Tiefebene
GEFÄHRDUNG: weltweit nicht gefährdet, gelten in Deutschland als vom Aussterben bedroht, es gibt nur noch wenige Brutpaare in Norddeutschland.

KIEBITZ

HEY, DU DA! Noch ein Schritt und ... pass nur auf! Ich kenne euch, vor allem so früh im Jahr. Ihr wollt meine Eier, um zu feiern, dass der Frühling da ist. Früher habt ihr in großer Zahl meine erste, größte Eiablage aufgesammelt. Zufällig also die Eier, aus denen die besten Küken schlüpfen. Und dann habt ihr die dem höchsten Chef der Provinz vorgelegt, dem Kommissar des Königs. Insbesondere die **FRIESEN** hatten ihren Anteil daran. Zum Glück ist das seit 2015 verboten, egal, wie wichtig es für euch war. Durch diese Eiersammelei geriet ich, trotz Schutz, vom Regen in die Traufe.

WO WIR gerade über Wasser reden: Feuchtwiesen in Poldergebieten, das sind meine Lieblingsplätze. Am liebsten mit Schlammpfützen und vollgelaufenen Ackergräben mit hohen schlickigen Rändern, in denen ich viel Nahrung finde. Ich habe keinen langen Schnabel und jage auf Sicht. Darum liebe ich offene, niedrige Graslandschaften, schön übersichtlich. Ich laufe ein kurzes Stück, bleibe stehen und trippele auf dem Boden herum. Dann kommen die roten Würmer, Käfer und Larven der **SCHNAKEN** schon ganz von selbst zum Vorschein. Auch meine Küken, etwa vier an der Zahl, können das schon: sie futtern gleich achttausend Beutetiere am Tag. Meine Frau und ich müssen sie nur einen guten Monat im Auge behalten. Heutzutage werden jedoch immer weniger Küken groß, obwohl meine Frau viermal neue Eier legt.

MOMENT ... Dahinten ist diese nervige Krähe! Andere Weidevögel freuen sich über mich: wenn sie in der Nähe meines Nests brüten, haben sie viel weniger unter Raubvögeln zu leiden. Ich verjage sie allesamt! Meine Weibchen – ja, Plural, ich habe mehrere! – sind übrigens ganz verrückt nach meinen breiten Flügeln und meinen Flugkapriolen. Manchmal rolle ich mich im Flug auf den Rücken. Übrigens baue ich für jedes Weibchen bis zu zehn **NESTKUHLEN,** aus denen sie die beste auswählt. Ich habe eine Menge zu tun!

UND DANN mein Ruf: als würde jemand auf der Wiese ein Computerspiel spielen, oder hätte einen alten Synthesizer aus dem Schrank geholt: Kie-wit! Mein Ruf erklärt meinen Namen. Nur in England heiße ich so, wie ich fliege, mit diesen schlappenden Bewegungen: northern lapwing. Wusstest du, dass auch meine Flügel ein verrücktes Geräusch machen? Aber am besten bin ich an meiner ausgeprägten Haube (die auch Holle heißt) und der schwarz-weißen Zeichnung zu erkennen.

IM HERBST fliege ich in den Süden. Nicht sehr weit, aber ich hasse Frost. Auch wenn man den heutzutage nur noch selten sieht und ich jetzt häufiger hier überwintere ...
Leider ist es immer öfter auch zu trocken. Und dann habe ich noch nicht einmal all die eintönigen Weiden mit kaum Insekten erwähnt. Eure Häuser nehmen mir auch immer mehr Flächen weg.

OH NEIN, nicht schon wieder, oder? Schnell diese nervige Krähe verjagen. Und du, passt du auf, dass du meinen Eiern nicht zu nahe kommst?

ART: Weidevogel > Stelzenläufer > Kiebitze und Regenpfeifer > *Vanellus* > *Vanellus vanellus*
VORKOMMEN: brütet von Europa bis einschließlich Asien unter dem Polarkreis, überwintert in Südeuropa und Nordafrika (Europäische Kiebitze), vom Nahen Osten, dem nördlichen Indien, bis nach Südostchina und dem südlichen Japan.
LÄNGE: 28 – 31 cm
FLÜGELSPANNWEITE: 82 – 87 cm
GEWICHT: 140 – 320 g
LEBENSERWARTUNG: im Durchschnitt 3,5 Jahre
BESTAND: 5,6 – 10,5 Millionen Individuen weltweit; in Deutschland brüten gegenwärtig noch 42.000 – 67.000 Paare
GEFÄHRDUNG: weltweit fast gefährdet, in Deutschland stark gefährdet

SÄBELSCHNÄBLER

OB ICH WAS am Flügel habe? Psst, nichts sagen. Siehst du den Fuchs dahinten? Ich tue so, als wäre ich verletzt! Ich muss dafür sorgen, dass er nicht in die Nähe meiner **KÜKEN** kommt. Ich bin ein Meister der Ablenkung. Ich verteidige sie mit aller Kraft, sogar gegen Vögel, die eigentlich keine Bedrohung bilden. Niemand kommt an meine Jungen!

NA JA, in meiner Kolonie gibt es eben viel zu holen. Ich brüte hier gemeinsam mit vielen Artgenossen und anderen Vögeln, wie Regenpfeifern und Seeschwalben. Meine drei oder vier Küken können innerhalb eines Tages laufen, schwimmen und tauchen. In ihren ersten drei Monaten brauchen sie noch unsere Pflege und Aufsicht (siehe Fuchs!). Ich mag vor allem salziges Wasser, süßes geht aber auch. Du siehst mich auf fast allen kahlen **SCHLICKGEBIETEN**, im Deichvorland, auf Strandflächen und einfach in Flussgebieten, auf einem Acker und in der Wiese. Solange das Gras kurz ist, bin ich blitzschnell dabei.

MEIN leuchtend weißes Federkleid wird von schwarzen Bändern auf Kopf und Flügeln schmückend umrandet. Mein Schnabel biegt sich in einem gefälligen Bogen nach oben. Er ist ein sehr empfindsames Werkzeug, mit dem ich im flachen Wasser tastend Garnelen und Würmchen aus dem Schlick siebe. Wenn das Wasser klar ist, nutze ich ihn einfach zum **AUFSPIESSEN.** Meistens esse ich allein. Wenn es viel zu holen gibt, wie Garnelen im Sand bei Flut, arbeiten wir zu Hunderten zusammen.

UNSER Liebesspiel ist besonders elegant, auch wenn Eigenlob stinkt. Erst umtanzen wir uns eine Weile, streichen unser Gefieder glatt. Plötzlich streckt meine Zukünftige ihren schwarzweißen Kopf vor und hält ihren Bauch dicht übers Wasser. Stocksteif steht sie da, wie ein schwarzweißes **STANDBILD**. Das erregt mich sehr (am besten schaust du jetzt weg, wenn du ein wenig prüde bist) ... leidenschaftlich schwenke ich meinen Schnabel im Wasser. Ich wate um sie herum, mal um die eine Flanke, dann um die andere. Bis ich sie von der Seite besteige, die Flügel weit gespreizt. Dann erst bewegt sie ihr Köpfchen wieder. Das Schönste kommt noch: wenn wir, ähem, fertig sind, rennen wir mit gekreuzten Schnäbeln gemeinsam ein Stückchen weiter. Als wollten wir uns zum Abschied küssen.

OBWOHL ich ein Meister der Ablenkung bin, wachsen meine Küken immer seltener auf. Es ist leicht, dem Fuchs die Schuld zuzuschieben, aber eigentlich ist der Mensch unsere größte Bedrohung. Das Wasser wird von Agrargiften und anderen schädlichen Stoffen verschmutzt, meine Brutgebiete verschwinden und die Nahrung wird knapp.

SOWIESO bin ich ein leicht nervöser Typ. Ich mag keine Topfgucker, oder Vogelbeobachter. Meine Überwinterungsplätze in Europa sind nicht mehr länger sicher. Sie werden von der Ausbreitung der Städte gestört oder für neues Land trockengelegt. Und dann gibt es noch diese seltsame Krankheit, die immer näher rückt: die Vogelgrippe. Könntet ihr nicht dagegen mal etwas unternehmen?

ART: Watvogel > Regenpfeiferartige > Säbelschnäbler > *Recurvirostra* > *Recurvirostra avosetta*
VORKOMMEN: brütet in einigen europäischen Küstengebieten, in Afrika und Asien; niederländische Populationen überwintern in Südwesteuropa und Nordwestafrika, des Weiteren in Indien, Thailand und Ostchina.
LÄNGE: 42 – 46 cm
FLÜGELSPANNWEITE: 67 – 77 cm
GEWICHT: 260 – 290 g
LEBENSERWARTUNG: im Durchschnitt 7, maximal 23 Jahre
BESTAND: 280.000 – 470.000 Individuen weltweit; in Deutschland 6.000 – 7.000 Brutpaare
GEFÄHRDUNG: nicht gefährdet

HÖCKERSCHWAN

AN MIR kommst du nicht vorbei. Also oh weh, wenn du meinem Nest noch einen Schritt näher kommst. Ich fauche und flattere mit meinen großen Schwingen, und wenn es sein muss, beiße ich dir in den Finger. Mit anderen **MÄNNCHEN** kämpfe ich nicht selten bis zum Tod. Mein Weibchen muss schließlich in Ruhe brüten können.

WIR SIND schon eine Weile zusammen. Für euch sind wir das Symbol für ewige Treue und Liebe. Aber, psst, auch bei uns gibt es Trennungen, und wenn einer von uns stirbt, suchen wir einen neuen Partner. Wir lieben auch unseren gewohnten Platz. Kennengelernt haben wir uns im Verein: ein Ort, an dem sich Junggesellen und Junggesellinnen treffen, um neue Partner zu finden. Sie hatte die anmutigste Halskrümmung und ich den größten Stirnhöcker. Trotzdem musste ich einmal ein paar Wochen lang auf sie und meine Küken verzichten. Was haben wir getanzt und geschmust, als wir uns endlich wiedersahen!

ANSPRUCHSVOLL bin ich nicht. Hauptsache, ich habe sauberes Süßwasser, Platz für mein großes Nest und ausreichend Wiesenflächen. Siehst du mich kopfunter im Wasser hängen, während mein Hinterteil und die **SCHWARZEN BEINE** in der Luft zappeln? Dann bin ich am Gründeln: auf der Suche nach Wassertierchen und -pflanzen. Und ha, mit meinem langen Hals und seinen 25 Halswirbeln komme ich tiefer runter als eine Wildente.

WIR KÜMMERN uns gemeinsam um unsere sechs Küken. Bestimmt siehst du uns manchmal auf dem Stadtgraben schwimmen, unsere Nachkommen schön ordentlich in einer Reihe hinter uns. Ist es kalt, suchen sie Schutz unter unseren Flügeln. Jedenfalls, wenn sie noch klein sind. Wir sorgen für sie, bis sie fliegen können, obwohl sie die Angewohnheit haben, den ganzen Winter über bei uns zu bleiben. Dann bringen wir sie weg, in den **VEREIN**. Sie dürfen sich ihren Partner selbst aussuchen.

MANCHE meiner Vorfahren wurden von den Menschen wegen ihrer Daunenfedern (und ihres Fleischs) in einer sogenannten Schwanendrift gehalten. Das Gesetz stammt noch aus dem Mittelalter. Man sollte meinen, ein so edles Tier wie ich würde etwas besser behandelt! Nur Fürsten oder Adelige durften mich besitzen. Zum Glück ist diese Schwanenzüchterei seit 2016 endgültig verboten; ich bin und bleibe ein wilder Vogel. Ich rege euch zu vielen Geschichten an. Hast du schon mal von einem **SCHWANENGESANG** gehört? Das ist das letzte große Werk eines Künstlers. Schwäne sollen kurz vor ihrem Tod noch einmal sehr schön singen, so lautet eine altgriechische Geschichte.

IM Prinzip bleibe ich dort, wo ich brüte, ich bin wenig Gefahren ausgesetzt. Die Bleivergiftung im Wasser ist jedoch ein ernsthaftes Problem. Wenn es sehr kalt ist, ziehe ich ein Stück weiter südlich, nach Frankreich. Dann hörst du mich schon von Weitem fliegen: mein Flügelschlag erzeugt ein sehr typisch pfeifendes Geräusch.

Ich ziehe oft in großen Gruppen, auch wenn ich in die Mauser komme, also mein Gefieder wechsele. Dann esse ich eurer Meinung nach zu viel Gras und Gewächse. Übrigens kommen immer mehr Artgenossen von anderswo, um die milden Winter hier zu verbringen. Hauptsache, sie halten sich von meinem Nest fern …

ART: Vogel > Gänsevögel > Entenvögel > *Cygnus* > *Cygnus olor*
VORKOMMEN: brütet (und überwintert) in großen Teilen von Nordwest-, Mittel- und Osteuropa, bis Zentralasien und dem Nahen Osten. Auch in China und der Mongolei gibt es einige Populationen.
LÄNGE: 140 – 160 cm
FLÜGELSPANNWEITE: 200 – 240 cm
GEWICHT: 10 – 12 kg
LEBENSERWARTUNG: 10 – 15, im Durchschnitt 7, maximal 26 Jahre
BESTAND: 598.000 – 615.000 Individuen weltweit; in Deutschland 11.000 – 16.000 Brutpaare
GEFÄHRDUNG: nicht gefährdet, Trend zunehmend

WILDKANINCHEN

ART: Säugetier > Hasenartige > Hasen und Kaninchen > *Oryctolagus* > *Oryctolagus cuniculus*
VORKOMMEN: ursprünglich Spanien, Portugal, Südfrankreich, heute praktisch weltweit eingeführt, wenig in Südamerika.
LÄNGE: 35 – 50 cm
SCHWANZLÄNGE: 4 – 8 cm
GEWICHT: bis 1,6 kg
LEBENSERWARTUNG: im Durchschnitt 1,5, maximal 5 Jahre
BESTAND: unbekannt
GEFÄHRDUNG: weltweit gefährdet, in Deutschland auf der Roten Liste gefährdeter Tierarten (Vorwarnstufe)

MENSCHEN FINDEN, dass ich süß aussehe, mit meinem Wippschwänzchen, den langen, weichen Ohren und den großen Augen. Haltet ihr deswegen meinen zahmen Artgenossen als Haustier? Aber warum oft allein in einem Käfig? Dabei bin ich so **SOZIAL!** In meiner Höhle – manchmal einem alten Fuchsbau oder eine Dachsburg – lebe ich gemeinsam mit gut zehn Familienmitgliedern. Zusammen mit meinem Mann leite ich den ganzen Haufen.

ALLE RÄUME und Gänge sind angenehm kühl. Schwitzen kann ich nicht. Meine Körpertemperatur regele ich über Blutgefäße in meinen Ohren und in den **VORDERPFOTEN,** oder indem ich schneller atme. Erst in der Dämmerung komme ich zum Vorschein. Oft wohne ich in sandigem Boden, da lässt es sich so schön graben. Du kannst mich auch in Wiesen sehen, an Straßen und Deichen, den Dünen, und sogar in Industriegebieten. Es darf nur nicht zu nass sein.

URSPRÜNGLICH komme ich aus Spanien. Vor 3.000 Jahren haben die **PHÖNIZIER** dort noch viele meiner Artgenossen angetroffen. Sie fanden, ich sähe aus wie ein Klippdachs oder Klippschliefer, und nannten das Gebiet i-spahan-im. Das Land der Klippschliefer, Hispania auf Latein! Inzwischen lebe ich dank euch Menschen weltweit.

ÜBRIGENS bin ich kein Nagetier. Ich habe zwei zusätzliche Zähne hinter meinen oberen Schneidezähnen, sogenannte Stiftzähne, und eine gespaltene Lippe. Meine Zähne wachsen ständig, und nur weil ich esse, werden sie abgeschliffen. Ihr nennt mich einen „kleinen Graser". Wie eine **MINIKUH** weide ich meine Umgebung ab, und halte das Gras jung und gesund. Ich esse Gräser, Kräuter und Ackerpflanzen, aber auch Baumrinde, Schösslinge und Sprossen von Pflanzen – voller Eiweiß und leicht verdaulich. Flüssigkeit ziehe ich aus meiner Nahrung. Und wonach ich ganz verrückt bin: meine eigenen Köttel! Zieh nicht so ein angewidertes Gesicht. In der ersten Kotladung stecken noch viele Nährstoffe. Und übergeben kann ich mich sowieso nicht.

DIE VERMEHREN sich wie die Kanickel, sagt ihr, wenn jemand viele Kinder hat. Nun ja, vier- bis sechsmal im Jahr bekomme ich um die fünf blinde, taube und kahle Kaninchen. Innerhalb von einem Monat können die Jungen alles allein, mit neun Monaten sogar schon Nachwuchs bekommen … Da ist also was dran. Leider sterben auch immer drei oder vier. Als **MUTTERKANINCHEN** säuge ich sie einmal am Tag. Mein Mann, ein Rammler, lässt nach der Paarung gar nichts mehr von sich hören …

BEI GEFAHR trommele ich mit meinen starken Pfoten auf den Boden und renne im Zickzack zu meinem Bau zurück. Ich habe viele Feinde – Füchse, Iltisse, Hermeline und Wölfe – und lebe nur kurz. Raubvögel essen meine Jungen. Und ich habe Angst vor euch. Kein Wunder! Viele halten mich für eine **PLAGE** und machen Jagd auf mich. Eure Autos sind lebensgefährlich, genau wie die großen landwirtschaftlichen Maschinen. Und dann die schrecklichen Seuchen wie die Viruskrankheiten Myxomatose (Kaninchenpest) und VHK, die ihr von euren vielen Reisen mitbringt.

ZUGLEICH tragen manche Menschen Kaninchenpfoten als **TALISMAN.** Im chinesischen Tierkreis gelte ich als Symbol für (okay, selbstverständlich) Fruchtbarkeit und Glück. Sogar in den Schattierungen auf dem **MOND** glaubt ihr mich als glücksbringendes „Mondkaninchen" zu erkennen. Aber so viel Glück habe ich selbst leider nicht …

BREITFLÜGEL-FLEDERMAUS

UH! ERSCHROCKEN? Scherz. So gruselig wie ihr mich findet, bin ich gar nicht. Ein gewisser Bram Stoker, der englische Autor von Dracula, hat der Fledermaus wirklich keinen Gefallen getan. Ihr glaubt nämlich jetzt, ich würde euer Blut trinken, wie ein echter **VAMPIR.** Nun, ein ferner Artgenosse trinkt vielleicht das Blut kleiner Säugetiere, aber ich? Ich lebe von Insekten, vor allem von Mücken, Käfern und Nachtfaltern.

DIESE INSEKTEN fange ich im Flug, sobald die Sonne untergeht, immer in der Nähe meines Quartiers. Ob ich im Dunkeln also gut sehen kann? Nein, ich habe eine andere Art, meine Beute über Wiesen, Gärten und an Gewässern zu finden. Ich „sehe“, indem ich höre. Erst stoße ich einen hohen Laut aus, für euch ist Ultraschall **UNHÖRBAR.** Seine Wellen prallen auf meiner Beute ab, und kommen als Echo zu mir zurück. Ich habe superempfindliche dreieckige, oben abgerundete Ohren mit einem Spezialkläppchen, das das Geräusch ganz präzise in mein Ohr lenkt. So weiß ich genau, wo die Mücke ist. Das heißt Sonar, und ihr nutzt das auch selbst, etwa in einem U-Boot unter Wasser.

ICH JAGE meistens allein, brüte jedoch in Gesellschaft Dutzender anderer Weibchen. In der Wochenstube kann es gut 50 Grad warm werden. Schwitz! Schon seit Tausenden von Jahren wohne ich in euren Gebäuden: unter einer Dachpfanne, zwischen den Mauern oder auf dem **DACHBODEN.** Falls ihr dazu etwas zu sagen habt: früher habt ihr in unseren Häusern gewohnt, in Höhlen. Jedes Jahr im Frühjahr brüte ich ein Junges aus, das ich einen Monat lang säuge. Den Samen mehrerer Männchen habe ich schon im Herbst gesammelt. Praktisch, was?

ICH FLIEGE abends später aus als viele andere Fledermausarten. Mein wissenschaftlicher Name serotinus bedeutet „verspätet“. Der Name ist ein bisschen blöd – ich bin doch viel **GEHEIMNISVOLLER!** In den Wintermonaten habt ihr nicht mal eine Ahnung, wo ich mich aufhalte. Okay, vermutlich an denselben Orten wie im restlichen Jahr: an gut versteckten, trockenen, dunklen Stellen. Aber dennoch – ihr müsst ja nicht alles von mir wissen. Ich brauche auch ein wenig Privatsphäre, vor allem im Winterschlaf.

WIR SIND immer zu vielen, doch sehen oder hören könnt ihr uns kaum. Ich komme nicht von dem schlechten Ruf los, den ich bei euch habe. Angeblich bringe ich den Tod mit, und bin der Teufel in **VERMUMMUNG.**

DABEI tue ich keiner Flie…, uh, keinem Menschen etwas zuleide (obwohl ich die Tollwut übertrage, tut mir leid!). Im Gegenteil, ich bin sogar sehr nützlich, denn ich esse furchtbar viele Insekten. Und ist es nicht toll, dass wir Fledermäuse die einzigen echten fliegenden Säugetiere sind? Chiroptera, die Ordnung der Fledertiere, bedeutet „Handflügel“. Meine Fingerknochen bilden nämlich das Gerüst für meine Hautflügel.

WELTWEIT geht es uns noch einigermaßen gut, aber in vielen Ländern Europas gibt es immer weniger Nahrung für mich. Zudem ist die richtige Dachpfanne oder das **DACHGESIMS** fast nicht mehr zu finden. Oder ich pralle wieder gegen ein Auto. Alles in allem habe ich mehr Gründe, vor euch zu erschrecken, als ihr vor mir …

ART: Säugetier > Fledermaus > Glattnasen > *Eptesicus* > *Eptesicus serotinus*
VORKOMMEN: fast überall in Europa, Nordwestafrika, im Nahen Osten, Teilen von Zentralasien und dem Himalaya.
LÄNGE: 6,2 – 8,2 cm
FLÜGELSPANNWEITE: 31 – 38 cm
GEWICHT: bis 15 – 35 g
LEBENSERWARTUNG: im Durchschnitt 3, maximal 24 Jahre
BESTAND: unbekannt
GEFÄHRDUNG: weltweit nicht gefährdet, in Deutschland verletzlich.

LÖFFLER

ICH FALLE AUF, nicht wahr? So ein schlanker, weißer Vogel mit großen, herabhängenden Kopffedern und orangegelber Brust. Und natürlich mit diesem Schnabel in Form eines **LÖFFELS.** Dem verdanke ich meinen Namen. In der Brutsaison lebe ich in einer großen Kolonie voller Artgenossen, Reiher, Kormorane, Graugänsen und Möwen im Deichvorland.

MEIN MANN sucht schon nach Nistmaterial. Ich baue unser **OVALES NEST** im Schilf, im Gebüsch oder in Bäumen. Bald lege ich vier Eier, und nach einem Monat, in dem wir gemeinsam brüten, hoffen wir, wenigstens eins der Jungen großzuziehen. Das bleibt aber auch nicht lange bei uns. Schon nach sechs Wochen müssen meine Küken sehen, wie sie allein klarkommen. Trotzdem dauert es drei bis vier Jahre, bis sie selbst Küken bekommen.

ART: Watvogel > Pelikanartige > Ibisse und Löffler > *Platalea* > *Platalea leucorodia*
VORKOMMEN: brütet in Nordwest- und Osteuropa, überwintert in Südeuropa, Westafrika und südlich der Sahara. Brütet außerdem von Zentralasien bis Nordchina, überwintert in Indien und Südasien.
LÄNGE: 80 – 93 cm
FLÜGELSPANNWEITE: 120 – 135 cm
GEWICHT: 1,3 – 2 kg
LEBENSERWARTUNG: 4 – 5, maximal 30 Jahre
BESTAND: 63.000 – 65.000 Individuen weltweit; in Deutschland 850 Paare, die auf den Inseln und Halligen im Deutschen Wattenmeer brüten
GEFÄHRDUNG: nicht gefährdet, Trend zunehmend

ICH LIEBE Wasser, ob süß oder salzig, das ist mir egal. Am liebsten ist mir Sumpf mit viel Schilfrohr, eine Insel im Deichvorland oder ein Dünental am Meer. Mein Schnabel ist mein Besteck. Ein Löffel ohne Kuhle, aber mit einer hochempfindlichen **SIEBMEMBRAN.** Ich wate im flachen Wasser, und bewege dabei meinen „Löffel" hin und her. So fange ich tastend meine Nahrung: Stichlinge, Amphibien, Libellenlarven, und im Salzwasser auch Garnelen und Flachfische. Dabei kann ich völlig normal weiteratmen, denn meine Nasenlöcher befinden sich an der Basis meines Schnabels, ganz nah am Kopf.

WENN MEINE Küken groß sind, ziehe ich wieder allein los. Ich bin ein schweigsamer Gast. Obwohl – erst neulich habt ihr entdeckt, dass ich auch „Freundschaften" schließe. Ich suche jedes Jahr die gleichen Bekannten auf. Und wenn ich in Richtung westafrikanische Küste aufbreche, überlege ich mit rund hundert anderen, wie wir dieses Jahr fliegen. Es gibt so etwas wie eine Löfflerkultur – nicht alles ist schon in meinem Ei festgelegt. Wenn ich zu meinem **WINTERQUARTIER** aufbreche, mache ich das in aller Ruhe. Ich fliege sowohl nachts als auch tagsüber, jeweils ein paar Hundert Kilometer. An meinem Flug kannst du mich von dem anderen großen weißen Vogel unterscheiden, dem Silberreiher. Ich fliege mit gestrecktem Hals und Füßen. Sieht schön aus, oder?

ES GEHT mir recht gut. Vor allem in den Niederlanden brüte ich zurzeit zu einigen Tausenden. Der Schutz meiner wichtigsten **BRUTPLÄTZE** vor Landwirtschaft und Verschmutzung hat mir wirklich sehr geholfen. Ganz großen Dank dafür! (Auch wenn Füchse und Iltisse leider hin und wieder ein Küken aufessen ...)

TROTZDEM sind wir noch nicht sicher. Durch den Klimawandel wird meine Brut in den letzten Jahren immer häufiger überschwemmt, zu oft eigentlich ...
Ich habe schon viele Küken ertrinken sehen. Und die Flügel eurer **WINDTURBINEN** verursachen Unfälle bei unserem Winterzug. Zum Glück haltet ihr während unserer Zugzeit immer häufiger die Turbinen an. Hast du noch mehr Ideen, wie man uns helfen kann?

MAULWURF

ZEIT FÜR MEINE übliche Runde! Jeden Tag muss ich die Hälfte meines Körpergewichts essen, ich hoffe also, dass sich eine Menge Regenwürmer in meine Gänge verirrt haben. Mit meinen Krallen drücke ich allen Schmutz und Erde aus den Tierchen, manchmal lege ich einen kleinen Vorrat an. Ich muss ziemlich viel Strecke zurücklegen: mein **TUNNELSYSTEM** ist Dutzende Meter lang. Wie tief? Gleich unter deinen Füßen. Manchmal kannst du die Gänge sogar sehen. Vor allem im Frühjahr grabe ich viel, 12-15 Meter pro Stunde! Dann mache ich mich auf die Suche nach Weibchen, die sich mit mir paaren wollen. Im Winter bin ich dann tiefer in der Erde, wo die Nahrung ist.

MEINE HÄNDE sind riesige Schaufeln, mit je fünf Fingern und einem zusätzlichen „Daumen“. Unentbehrlich für die großen Erdmengen. Mit einer Hand schiebe ich die Erde hoch, stütze mich mit den anderen Gliedmaßen ab, und hopp: der nächste Maulwurfshügel. Genau wegen dieser Hügel bejagt ihr mich! Maulwurffänger ist ein jahrhundertealter Beruf. Ein Rasen oder eine Weide voller umgewühlter Wurzeln und Erdhaufen sind angeblich kein schöner Anblick ... Und das, obwohl ich mit meiner Graberei den Boden locker halte, und die an Wurzeln fressenden Insektenlarven genüsslich verspeise. In Friesland wurde sogar ein „Maulwurfshund“ gezüchtet, der Friesische Stabij oder Vorsteherhund, um uns zu fangen. Nicht, dass das viel Sinn ergäbe: ein gutes Gangsystem lasse ich nicht lange unbenutzt.

NICHT NUR meine Hände sind auf dieses grabende, unterirdische Dasein eingerichtet. Ich bin so muskulös wie ein **BODYBUILDER.** Meinen Nacken kannst du nicht mal sehen! Ich kann hervorragend schwimmen und klettern. Mein wasserabweisendes schwarzes Fell ist samtweich und die Haare bewegen sich in alle Richtungen: sehr praktisch, wenn ich mich im Gang umdrehen muss. Kälte kann mir nichts anhaben, und ich komme mit wenig Sauerstoff aus. Mein schmaler Maulwurfrüssel hat spezielle Tastnerven und empfindliche Schnurrbarthaare. Damit fühle ich den Weg durch meine Tunnel. Ich rieche **STEREO:** jedes Nasenloch nimmt getrennt Gerüche auf, und so bestimme ich die jeweilige Duftquelle. Übrigens bin ich nicht blind, wie du vielleicht meinst. Ich kann hell und dunkel unterscheiden, und weiß genau, welche Tageszeit wir haben.

MEINE GEFÄHRTIN ist genauso stark wie ich. Das liegt an dem männlichen Hormon, das sie produziert: Testosteron. Und wusstest du, dass sie auch einen Penis hat? Keinen echten, nein, nein. Maulwurfweibchen haben sowohl männliche als auch weibliche **GESCHLECHTSMERKMALE.** Je nach Jahreszeit wächst der männliche oder der weibliche Anteil. Aber für die Befruchtung braucht sie mich dann doch noch. Auch wenn ich mich danach sofort aus dem Staub mache! Ach, innerhalb eines Monats sind die Kleinen sowieso groß und graben sich ihren Weg ins Freie.

ICH KOMME selten an die Oberfläche. (Nicht einmal zum Trinken. Wusstest du, dass **REGENWÜRMER** zu 80 Prozent aus Wasser bestehen?). Dort oben warten bloß Füchse, Eulen und Hermeline auf mich. Oh ja, und diese verdammten Maulwurffänger. Nur Archäologen mögen uns sehr. In der umgewühlten Erde findet man manchmal einen Schatz aus längst vergangenen Zeiten ...

ART: Säugetier > Insektenfresser > Maulwurf > *Talpa* > *Talpa europaea*
VORKOMMEN: Europa, mit Ausnahme des größten Teils von Skandinavien und dem südlichsten Teil Europas; Russland bis hinter dem Ural.
LÄNGE: 11 – 16 cm
SCHWANZLÄNGE: 2,2 – 4,5 cm
GEWICHT: 65 – 140 g
LEBENSERWARTUNG: 3 Jahre
BESTAND: unbekannt, stabil
GEFÄHRDUNG: nicht gefährdet

REH

PSST, HAST DU DAS AUCH GEHÖRT? Wenn ich Gefahr wittere, bleibe ich stocksteif stehen. Meine Ohren bewegen sich unabhängig voneinander und schnappen selbst das geringste Knacken auf, das dein Fuß auf einem Ästchen verursacht – wenn meine Nase nicht schon schneller gewesen ist – ich rieche dich auf 300 Meter Entfernung! Im **DÄMMERLICHT** nehme ich wenig Farbe wahr, aber umso mehr Kontrast. Meine Augen zu beiden Seiten des Kopfes sehen praktisch alles. Und dann, plötzlich, mache ich mich mit großen Sprüngen auf meinen Hufen davon, gut 15 Meter weit. Daher kommt mein wissenschaftlicher Name Capreolus. Capriola auf Latein bedeutet **„ZICKLEIN“** und das italienische capriole sind buchstäblich Bocksprünge: unsere Kapriolen.

MEISTENS bin ich als weibliches Reh (Ricke) allein oder mit meinem Kitz. Wenn ich ungestört essen und **WIEDERKÄUEN** kann, ohne gesehen zu werden, lebe ich fast überall: in den Dünen, den Wäldern, in Auen, auf Äckern, Weiden und Lichtungen. Am liebsten ist mir ein bisschen von beidem, Schutz und offene Landschaft. Es scheint, als würde ich nur ein bisschen an den Blättchen knabbern, aber eigentlich nasche ich nur das Allerbeste: die jüngsten Triebe, die frischesten Knospen, die nahrhaftesten Kräuter. Im Winter stehen Baumrinde und trockenes Gras auf dem Speiseplan.

IM JULI und August ist Brunftzeit. Dann **„FIEPE“** oder jammere ich um einen Bock. Die Böcke kämpfen heftig um mich – wenn der eine das Revier des anderen betritt. Mit den Duftdrüsen zwischen den Zehen ihrer Hinterläufe und unten am Geweih auf der Stirn, haben sie dies gut abgesteckt. Meistens bleibt es bei der Drohung, aber manchmal stoßen sie ihre Geweihe gegeneinander. Und das wird ganz schön heftig! Die Geweihe wachsen jedes Jahr neu aus den Knubbeln an ihrem Kopf, den sogenannten Rosenstöcken.

MEINE BEIDEN Kitze mit weißen Flecken bekomme ich erst im nächsten Frühjahr. Sie wachsen nämlich nicht sofort in meinem Bauch. Es ist nun einmal nicht so klug, im Herbst und Winter zusätzliche Mäuler zu füttern. Dann suche ich die Gesellschaft anderer Rehe. Wir bilden **FAMILIENGRUPPEN** von etwa dreißig Ricken mit einem einzigen Bock. Übrigens: sollest du eines meiner Kitze im Gras versteckt finden: lass es in Ruhe! Ich bin immer in der Nähe, und belle bei Gefahr! Ich säuge mein Kleines, bis es nach ein paar Monaten selbst essen kann. Meine Kitze bleiben noch ein Jahr bei mir.

SCHAUST DU mir auf das Hinterteil, dann guckst du in einen Spiegel. So heißt das wirklich! Wenn ich in Gefahr bin, wehen die Härchen um den Spiegel in alle Richtungen und es sieht aus wie ein flauschiger **HERZCHENPOMPON.** Mein Spiegel hat einen zusätzlichen Haarpuschel, eine Schürze. Der Bock dagegen hat einen kleinen weißen Pinsel ... auf seinem Penis!

ART: Säugetier > Paarhufer > Hirsche > *Capreolus* > *Capreolus capreolus*
VORKOMMEN: fast überall in Europa, außerdem in Nordsyrien, im Norden von Iran und Irak, in der Türkei und im Kaukasus.
LÄNGE: Männchen 95 – 135 cm, Bock etwas größer
SCHULTERHÖHE: Männchen 69 – 75 cm
GEWICHT: Männchen 15 – 30 kg, Bock etwas schwerer
LEBENSERWARTUNG: 7 – 8, maximal 15 – 20 Jahre, Weibchen älter als Männchen
BESTAND: 15 Millionen in Europa, in Deutschland etwa 2,5 Millionen Tiere
GEFÄHRDUNG nicht gefährdet

JAHRHUNDERTELANG war der Mensch mein größter Feind, aber ein früherer ist zurückgekehrt: der Wolf. Auch wenn ihr noch jedes Jahr Rehe abschießt. **WILDTIERMANAGEMENT** heißt das. Warum überlasst ihr uns das nicht selbst? Trotzdem geht es mir recht gut. Jetzt nur noch etwas weniger Straßen und mehr Wildwechselbrücken ...

DIE SCHLANGE AUS DIESER ALTEN biblischen Geschichte? Du kennst sie bestimmt: sie soll Eva die Frucht angeboten und so alles Elend in die Welt gebracht haben. Das hat meine Beziehung zu euch Menschen jedenfalls gründlich vermiest! Früher habt ihr mich als eine weise Fruchtbarkeitsgöttin angebetet. Schließlich lege ich schon seit Tausenden von Jahren meine Eier in den Kompost und die Misthaufen eures Viehs. Ich war eure Beschützerin: je mehr Ringelnattern, desto mehr Mist für den Acker. Aber seit die Bibel hier in Mode ist, bin ich plötzlich der Teufel.

ICH KANN es immer noch nicht fassen. Ich tue niemandem etwas Böses. Gut, hin und wieder einem Salamander, einer Kröte oder einem Moorfrosch; von irgendwas muss ich ja auch leben. Aber ich bin nicht mal **GIFTIG,** wie die Kreuzotter. Eigentlich bin ich recht freundlich. Ich kämpfe auch nicht um die Weibchen.

ICH WACHE als Erste aus meinem Winterschlaf auf, gleite auf tiefer gelegenen Boden und suche nach einem Weibchen. Zwischendurch tanke ich Sonne, damit ich wärmer werde. Wundere dich nicht, aber ich stülpe meinen Penis (der tief gegabelt ist!) von **INNEN NACH AUSSEN,** hake mich mit Stacheln fest, und schiebe so meinen Samen in ein Weibchen. Dann ist sie an der Reihe. Ein Weibchen entfernt sich manchmal fast einen Kilometer, bevor sie einen geeigneten Ort findet, um bis zu 30 Eier abzulegen.

DIE EIER entwickeln sich nur, wenn es sehr warm ist, etwa 24-30 Grad. Daher diese verrottenden Misthaufen, und deswegen gibt es mich, ein kaltblütiges Reptil, bis in den hohen Norden Schwedens! Es dauert sechs bis zehn Wochen, bis die perfekt geschuppten, grau-grünen Ringelnattern mit schwarzen Punkten, gelbem Ring und schwarzen Flecken hinter dem Kopf schlüpfen. So klein sie auch sind – jedes einzelne Individuum ist bereits am **SCHWARZ-WEISSEN MUSTER** auf dem Bauch zu erkennen. Und dann schmecken und riechen sie sich mit ihrer gespaltenen Zunge den Weg ins Freie.

ICH LANDE leider häufig im Schnabel eines Reihers oder in den Klauen eines Otters, nur zwei unserer vielen Feinde. Kann ich nicht mehr fliehen, stelle ich mich tot. Dann lasse ich mein Maul offen stehen (für Spezialeffekte manchmal mit einem Tröpfchen Blut), verdrehe die Pupillen und lege mich in – genau, was sonst – Schlangenlinien auf den Rücken. Ja, ich bin ein großartiger **SCHAUSPIELER!** Funktioniert auch das nicht, habe ich noch eine letzte Waffe: ein stinkendes Zeug aus meinen Analdrüsen, samt Urin und Kot, mit dem ich meinen Gegner bespritze. Jetzt verziehst du bestimmt schon angewidert das Gesicht!

ICH LEBE im und um Wasser herum, sowohl in Gräben und stillen Tümpeln als auch in einem Kanal in der Stadt. Hauptsache, ich finde etwas zu essen, trockene, frostfreie Schlafplätze und einen Ort zum Brüten. Und das ist heutzutage ziemlich schwierig. Zum Glück bietet ihr mir künstliche **BRUTHAUFEN.** Jungen Ringelnattern helft ihr, gefährliche Straßen zu überqueren, indem ihr sie in Eimern sammelt und sie auf die andere Seite bringt. Siehst du, es gibt doch noch Hoffnung für unsere Beziehung!

RINGELNATTER

ART: Schlange > Nattern > Wasserschlange > *Natrix* > *Natrix helvetica*
VORKOMMEN: Nordwesteuropa, von England bis Südfrankreich und zum Rheingebiet. Bis 2017 Unterart von *Natrix natrix,* die auch in Osteuropa und in Teilen Asiens vorkommt.
LÄNGE: Männchen 90 cm, Weibchen 100 – 120 cm
GEWICHT: Männchen 20 – 100 g, Weibchen 70 – 350 g
LEBENSERWARTUNG: durchschnittlich 9 – 10, maximal 23 Jahre
BESTAND: unbekannt
GEFÄHRDUNG: weltweit nicht gefährdet, in Deutschland ist die Ringelnatter besonders geschützt und darf daher nicht belästigt, gefangen oder gar getötet werden. Rote Liste: gefährdet

PFEIFENTE

STREIFST DU AUCH MANCHMAL im Winter durch flaches Gelände in der Nähe von Gewässern? So gegen fünf Uhr, wenn die Dämmerung einsetzt? Dann hast du mich bestimmt schon mal gehört; mein Kommen kündigt kältere Zeiten an. „Wiu, wiu, wiu!“, pfeife ich melodisch und etwas **WEHMÜTIG.** Deswegen nennt man mich Pfeifente. Ich fliege in Gruppen von einem See zu meinem Grasplatz in den Weiden, und rufe dabei viel.

IM SOMMER siehst du mich nicht. Dann bin ich rund zwei- bis dreitausend Kilometer weiter nördlich. Dort finde ich, der Enterich oder Erpel, ein Weibchen. Sie legt sieben oder acht Eier im kalten Sumpfland. Ich bin dann schon lange geflogen, um mit anderen Männchen mein Federkleid zu wechseln. Ihr **NEST AM BODEN** ist nichts Besonderes, aber durch die braune Tarnfarbe ist die Mutter gut beschützt. Die Kleinen schwimmen schon bald hinter ihr her. Nach etwa sieben Wochen sind sie bereit zum Fliegen. Das machen wir alle zusammen, hierher zurück.

DAS LANGWEILIGE Graubraun meiner Gefährtin ist mir zum Glück erspart geblieben. Mein Kopf schimmert wie eine Kastanie, mit einem Tupfen Gelb um die Stirn. Meine lachsrote Brust geht in elegante graublaue Flanken über, durchbrochen von einem straffen, weißen Streifen. Auch mein Bauch ist weiß, und das Ganze, abgesetzt gegen schwarze **UNTERDECKFEDERN** am Schwanz, rundet meine Prachterscheinung ab. Nicht einmal meinen schönen Ruf haben die Weibchen. Sie kommen nicht viel weiter als bis zu einem etwas brummigen „Karr, karr“.

ICH BIN VERSESSEN auf saftiges Gras, aber im Wassergraben bin ich auch oft zu finden. Schließlich bin ich ja eine Ente. Wie beim Schwan ragt gelegentlich nur mein Hinterteil aus dem Wasser: ich gründele nach Wasserpflanzen.

APROPOS saftiges Gras ... Das schmeckt mir sehr! Ihr habt so viel davon, dass ich mit fast einer Million Artgenossen bei euch überwintere. Das ist ein Großteil der nordwesteuropäischen Population. Sehr wichtig also. Aber was machen viele Bauern und Jäger? Mich **ABSCHIESSEN,** weil ich angeblich zu viel Gras esse! Zum Glück kommen immer mehr von euch zur Einsicht. Obwohl mir das bei meinem anderen Problem auch nicht viel helfen wird: immer häufig wird nichts aus meiner Brut. Ein Raubtier schnappt sich hin und wieder ein Küken. Trotzdem liegt es vor allem daran, dass ich durch verschmutztes Wasser immer wenig Essen finde. Oh, und Jäger? Die gibt es auch in Sibirien ...

ABER NUN GUT. Zurück zur Dämmerung im flachen Gelände am Wasser. Wenn du mich **PFEIFEN** hörst, bleib einfach mal stehen und hör mir zu.

ART: Vogel > Gänsevögel > Entenvogel > *Mareca* > *Mareca penelope*
VORKOMMEN: brütet in breitem nördlichen Gebiet von Island bis Sibirien; überwintert in Küstengebieten von West- und Südwesteuropa bis nach Nordafrika, Indien, Südasien und hier und da in Nordamerika.
LÄNGE: 42 – 50 cm
FLÜGELSPANNWEITE: 71 – 85 cm
GEWICHT: 500 – 900 g
LEBENSERWARTUNG: im Durchschnitt 3 Jahre
BESTAND: 2,8 – 3,3 Millionen Individuen weltweit; 40 – 45 Brutpaare in Deutschland, genauer: an der Nordseeküste von Schleswig-Holstein
GEFÄHRDUNG: weltweit nicht gefährdet, Trend: stabil

WAS SAGST DU? Ob ich etwas über mich erzählen möchte? Es ist so ein Lärm hier. Aber wie sollte es auch anders sein, wenn sich Hunderttausende von uns bettfertig machen? Wir **SCHWENKEN** und schwingen in großen Wellen durch die Luft, wir fliegen in Formationen, die auch Murmurationen genannt werden. Wie wir das machen? Ganz einfach, ich muss nur auf meine sieben nächsten Nachbarn achten, die alle genauso schnell fliegen wie ich, nämlich 36 km/h. Fliegt einer ein Stückchen nach links oder rechts, um über unserem Schlafplatz zu bleiben, dann folge ich. Und selbstverständlich auch mein Nachbar, der wiederum auf mich achtet, und sein Nachbar, und dessen Nachbar. Damit lenken wir uns selbst und so entstehen die schönsten Muster.

AUSSERHALB DER BRUTZEIT fliege ich gern und nicht nur zur Gesellschaft im Schwarm. Ein Sperber pickt mich nicht einfach so aus einer Masse von Tausenden. Die **STARENWOLKE** ist schon aus weiter Ferne zu erkennen und weist mir den Weg: abends in mein Bett und morgens zu meinem Frühstück. Mein Baum ist ein einziger großer Informationsknotenpunkt. So, ich habe meinen Platz gefunden, derselbe Zweig wie gestern.

MEIN NACHBAR kommt aus der Großstadt. Dort wohnt er in einem Bahnhof. Er hat euch schön zum Narren gehalten, denn er konnte exakt die sich schließenden Türen eines Zuges nachahmen. Alles, um den Frauen zu gefallen. Ich ahme allerlei Geräusche nach. Ein Auto, einen Frosch, einen Buntspecht ... So weißt du genau, wo ich gewesen bin. Ich habe keine **STIMMBÄNDER**, sondern ein spezielles „Sprech"organ, das aus Membranen und Muskeln aufgebaut ist. Damit kann ich gleichzeitig verschiedene Geräusche erzeugen, und das ohne Lippen! Ich spreche genauso gut wie ein Papagei, ich summe und flöte, ich tschilpe und singe unablässig. Ich bin sehr musikalisch, ein Artgenosse von mir war drei Jahre lang Mozarts Muse.

STAR

ICH PASSE mich leicht an. 1890 ließ ein gewisser Eugene Schieffelin hundert Artgenossen im Central Park in New York City frei. Er wollte alle Vögel aus den Werken von William Shakespeare in den Vereinigten Staaten ansiedeln. Wenn der gewusst hätte ...! Heute sind wir dort zu mehreren Hundert Millionen. Ihr seid nicht immer gleich glücklich über meine Anwesenheit. Im Herbst besuche ich in großen Gruppen eure Obstanbaugebiete (am liebsten mag ich Kirschen), als Abwechslung zu meiner Nahrung aus Schnakenlarven und Würmern.

IM MITTELALTER habt ihr meine Küken in Starentöpfen fettgemästet, um sie zu essen. Diese barbarische Praxis gehört zum Glück der Vergangenheit an – obwohl es euch ziemlich gut gelungen ist, mein Nest nachzuahmen. Das baue ich (meine Frau brütet) in **BAUMHÖHLEN**, Nistkästen, oder unter einer Dachpfanne, solange nur genügend Grasflächen in der Nähe sind. Sind die vier oder sechs Kleinen nach einem Monat ausgeflogen, ziehe ich wieder weiter, in eine Stadt, in die Heide oder ans Meer. Ich bin fröhlich und lebhaft, auch in meinem Äußeren. Die weißen Sprenkel meines Winterkleids verblassen zum Sommer hin und so erscheint meine schöne violettgrüne Glut auf schwarzem Hintergrund.

WIR SIND zu vielen, aber unsere Anzahl nimmt ab. Kaum vorstellbar, wenn man zwischen dem **GEZWITSCHER** von Tausenden versucht zu schlafen ...

ART: Vogel > Singvogel > Star > *Sturnus* > *Sturnus vulgaris*
VORKOMMEN: brütet von Europa bis weit nach Asien, überwintert südlicher in Europa, Nordafrika, im Nahen Osten bis Indien. In vielen Ländern das ganze Jahr über, eingeführt in den USA, Australien, Neuseeland und Südafrika.
LÄNGE: 19 – 22 cm
FLÜGELSPANNWEITE: 31 – 44 cm
GEWICHT: 75 – 90 g
LEBENSERWARTUNG: 2 – 3 Jahre
BESTAND: 150 Millionen Individuen weltweit; in Deutschland 2,8 bis 4,5 Millionen Paare
GEFÄHRDUNG: nicht gefährdet, in Deutschland gilt der Star mittlerweile als gefährdet

STEINKAUZ

HAST DU MAL so eine alte griechische Münze aus Athen in einem Museum bewundert? Dann kennst du mich schon – na ja, einen fernen Vorfahren von mir, natürlich. Ich bin die „Eule von Athen“, die Beschützerin der gleichnamigen Stadt und Göttin der Weisheit. Das kann man an meinem wissenschaftlichen Namen noch hören. Aber ich bin kein merkwürdiger Kauz! Wirklich nicht.

GANZ IM Gegenteil: ich bin sehr scharfsinnig, vor allem bei der Jagd. Ich bin ein echter Allrounder – **FELD- ODER WALDMÄUSE** erspähe ich von einem Zaunpfahl aus, und ergreife sie in einem schnellen Sturzflug mit meinen Klauen. (Für den entscheidenden Griff bewegt sich eine meiner beiden Zehen in zwei Richtungen). Maikäfer fange ich einen nach dem anderen aus der Luft, einen Wurm schlürfe ich so aus der Erde. Ich rüttele manchmal wie ein Turmfalke – obwohl das eine kleine Eule wie mich viel Energie kostet.

IN MEINER eigenen kleinen Welt bin ich der König. Klein, denn ich hänge wirklich sehr an meinem angestammten Platz und jage in einem Umkreis von 250 Metern. (Selbst meine Nachkommen lassen sich nicht weiter als zehn Kilometer vom elterlichen Haus entfernt nieder.) Nein, **LANGSTRECKENFLIEGER** sind wir nicht.

WAS FÜR ein Ort das ist? Ein alter Bauernhof. So einer mit **PFERDEWEIDE**, auf der ich Mistkäfer und Insekten finde, ein Garten mit hochstämmigen Bäumen für mein Nest, von einem Graben zum Trinken umgeben, und Abstellecken, in denen ich mich verstecken kann. Es hilft mir nicht, dass viele Bauernhöfe zu Wohnhäusern geworden sind. Oder dass Bauern die Obstbaumgärten durch noch mehr schnurgerade Äcker ersetzen. Ein neues Königreich finde ich nicht so schnell.

KANNST DU dir vorstellen, dass Steinkäuze in Südeuropa in Steppen leben? Sie halten sich von Menschen fern und brüten in einem Steinhaufen (genau, daher stammt mein Name!) oder in einer Höhle im Boden. Na, ich bevorzuge die Astlöcher eines alten Apfelbaums oder eine knorrige **KOPFWEIDE**; mein Nest passt exakt in ihre Höhlungen. Ich verführe mein Weibchen mit einem Mäuschen und einem flötenden Ruf. Wir pflegen uns gegenseitig liebevoll die Federn, aber im Haus hat sie das Sagen! Ich jage, sie füttert die drei bis fünf Küken – später jagt sie auch. Wir füttern die Jungen jede Nacht, bis zu 12 Wochen lang, mit zwei Mäuschen, hin und wieder sogar tagsüber. Sehr anstrengend!

ZEIT zum Dösen in der Sonne gibt es während der Brut nicht. Das mache ich sonst nämlich gern tagsüber an meinem **SCHLAFPLATZ**. Dann kauere ich mich zu einer kleinen braunen Kugel zusammen. Als Eule jage ich vor allem im Dunkeln. Meine schwefelgelben Augen sind groß und lichtempfindlich. Aber ich bin ganz Ohr, wie man so sagt! Der Federkranz um meine Augen? Darin verstecken sich meine Ohren. Mit speziellen Hautfalten bewege ich sie in alle Richtungen (und ziehe die verrücktesten Grimassen). So weiß ich genau, woher ein Geräusch kommt.

OBWOHL ich immer aufpasse, gelingt es Sperbern oder Mardern manchmal, einen Artgenossen zu töten. Oder euren Hunden, Katzen, **VIEHTRÄNKEN**, Autos, einer vergifteten Maus ... alles Gefahren neben diesem Problem mit den verschwindenden Königreichen. Jetzt mal ehrlich, ist das noch ganz gescheit?

ART: (Nachtraub-)Vogel > Eulen > eigentliche Eulen > *Athene* > *Athene noctua* > *Athene (noctua) vidalii*
VORKOMMEN: Nordwesteuropa bis Dänemark, und Westeuropa (vidalii); Athene noctua: Europa, Nordafrika, Naher Osten bis Ostasien.
LÄNGE: 21 – 23 cm
FLÜGELSPANNWEITE: 54 – 58 cm
GEWICHT: 150 – 260 g, Weibchen etwas schwerer
LEBENSERWARTUNG: 2,5 – 3 Jahre, maximal 15 Jahre
BESTAND: 5 – 10 Millionen Individuen weltweit (noctua); in Deutschland 2,8 bis 4,5 Millionen Paare
GEFÄHRDUNG: weltweit nicht gefährdet, in Deutschland 7.000 – 8.000 Brutpaare. Der Steinkauz steht in Deutschland auf der Vorwarnliste. Erfolge von Schutzmaßnahmen lassen jedoch Hoffnung für ihn aufkommen.

TURMFALKE

ART: Raubvogel > Greifvögel > Falkenartige > *Falco* > *Falco tinnunculus*
VORKOMMEN: brütet in Europa, Afrika, in großen Teilen von Asien, überwintert u.a. in Südeuropa, Afrika südlich der Sahara, Südostasien. In nicht allzu kalten Ländern das ganze Jahr über anwesend.
LÄNGE: 31 – 37 cm, Weibchen größer als Männchen
FLÜGELSPANNWEITE: 68 – 78 cm
GEWICHT: 156 – 252 g
LEBENSERWARTUNG: einige Jahre, maximal 16 Jahre
BESTAND: 4,3 – 6,7 Millionen Individuen weltweit; in Deutschland 44.000 – 73.000 Brutpaare
GEFÄHRDUNG: weltweit nicht gefährdet, in Deutschland nicht gefährdet

DIESER BAUM am Rand des Wäldchens ist mein Lieblingsplatz. Oder ich hocke auf dem Pfahl schräg darunter. Beide bieten mir perfekte Sicht auf die Straßenböschung und auf das Poldergebiet, in dem ich jage. Wühlmäuse esse ich am liebsten. Sie schaffen es kaum, meinen scharfen Klauen und dem starken Schnabel zu entkommen, und vor allem: ich sehe auch die kleinste Maus schon auf 50 Meter Entfernung. Ich nehme nämlich auch **ULTRAVIOLETTES** Licht wahr – und das lässt ihre Urinspuren schön aufleuchten. Außerdem weiß ich im Winter genau, wo die kleinen Racker zum Vorschein kommen, um selbst zu essen, so gegen zwei Uhr. Dann kann ich mich in der Zwischenzeit ein wenig ausruhen. All diese Überraschungsangriffe (ich fliege bis zu 63 km/h) sind ziemlich erschöpfend, und ich esse jeden Tag bis zu acht Mäuse. Manchmal bewahre ich ein paar für später.

MEISTENS bin ich allein, fremde Turmfalken verjage ich. Außer, wenn es Zeit zum Brüten ist (früher manchmal in Kolonien). Ein altes **KRÄHENNEST** oder ein Nistkasten reicht mir völlig. Früher habe ich in Kirchtürmen genistet, daher auch mein Name. Jedenfalls, bis ihr wegen der Tauben alle Löcher abgedichtet habt. Meine Frau bebrütet unsere sechs bis zehn Eier, ich kümmere mich um das Essen, bis die Jungen nach vier Wochen schlüpfen. Sie gehen nett miteinander um. Sogar, wenn sie nach einem Monat flügge sind, sitzen sie noch eine Weile zusammen. Die meisten anderen Raubvogelküken bekämpfen sich ständig und jagen einander fort …

MEINE GEFÄHRTIN ist im Wesentlichen braun, und ein Stück größer als ich. Sie hat nicht meinen grauen Kopf und Schwanz, und ihr Rücken färbt sich nicht so tiefrotbraun wie meiner. Im Flug vollführe ich akrobatische Kunststücke, um ihr Herz zu gewinnen. Wir lieben es, uns in der Luft zu verfolgen und rufen laut **„KIE, KIE, KIE!“**. Außerhalb der Brutzeit rede ich nicht so viel. Wie gesagt, meistens bin ich allein.

VOR ALLEM bin ich dafür bekannt, dass ich beim Fliegen in einer Höhe von 10 bis 20 Meter in der Luft stillstehen kann. Das heißt „rütteln“. So suche ich nach Beute, denn in diesem Standschwebeflug bleibe ich an einer Stelle über dem Boden stehen. In einer indischen Sprache, dem Punjabi, heiße ich deswegen larzãnak, „kleiner Schweber“. Ich halte den Kopf ruhig, aber meine Flügel schlagen sehr schnell. Ich lehne mich sozusagen gegen den Windstrom. Das ist wie ein Ausguck, aber eben in der Luft. Clever ausgedacht, was?

In den letzten Jahren ist es immer schwieriger geworden, genügend Mäuse zu finden. Immer mehr Grasland wird zu Äckern. Und wenn Bauern eine Weide erhalten, dann ist es eine, in der kaum eine Maus lebt. Spatzen oder Insekten schmecken mir auch, aber Mäuse … nein, ohne sie kann ich nicht! Einst war ich der am häufigsten vorkommende Raubvogel, jetzt heimst der Mäusebussard diese Lorbeeren ein.

VIELLEICHT denkst du: dann flieg doch in ein anderes Land? Nein, ich bin ein Bleibender, genau wie die meisten anderen Turmfalken hier. Nur wenn es richtig kalt ist, ziehe ich im Winter weg. Aber wie lange das alles noch so funktioniert …

OKAY, DA KOMMT KEINER. Schnell auf die andere Seite! Ihr habt ein ziemliches Tempo drauf, obwohl hier noch Stadtrand ist. In der Ortschaft finde ich alles Mögliche zum Schlemmen – Ratten, Mäuse, euren Müll –, jedenfalls in euren Gärten. Lasst das Türchen zum Kaninchen- oder Hühnerstall lieber nicht offen … Ich bin nämlich ein Hühnerdieb und versessen auf das **FEDERVIEH:** wenn sie in die Enge getrieben sind, dann muss ich sie einfach alle totbeißen. Tut mir leid, aber das ist meine Natur. Schließlich weiß man nie, wann einem die nächste Beute über den Weg läuft.

GENUG über Hühner. Eigentlich schmecken mir Kaninchen und andere kleine Nagetiere viel besser. Oh, und Vögelchen, Eier und Igel … Ich bin ein Experte im Aufrollen der Stacheln, und das zarte Fleisch ist nicht zu verschmähen. Noch eine Straße überqueren, einmal quer durch das flache Gelände, und dann bin ich fast bei meinem Wald. Wusstest du, dass ich bis zu 60 km/h **SPRINTEN** kann? Ich kann die Höhle meiner Gefährtin schon fast riechen, leicht säuerlich. Köstlich!

MEINE FÄHE, also meine Gefährtin, ist schon seit ein paar Tagen in der Kaninchenhöhle, die sie sich unter den Nagel gerissen hat. Selbst graben? Nur, wenn es nicht anders geht. Die Kleinen kommen schon bald. Das können bis zu zehn sein – ich hoffe nicht. Die Hälfte ist schon viel, und ich, der Rüde, muss Essen für alle herbeibringen. Na ja, zwei **TÖCHTER** vom letzten Jahr wohnen immer noch bei uns. Sie helfen ein wenig mit. Wer weiß, vielleicht siehst du sie gleich. Die jungen Rüden müssen nach einem halben Jahr ihr eigenes Gebiet finden. Dann kann es heiß hergehen, denn viele Reviere sind schon vergeben. Vier von fünf jungen Füchsen sterben sowieso in ihrem ersten Lebensjahr.

MEIN REVIER ist nicht so groß, ungefähr 30 Fußballfelder. Mitten in den Hügeln kann es 200-mal so groß sein. Nur in den Bergen findet man mich nicht.

VOR ALLEM Engländer lieben die Fuchsjagd, aber auch bei euch gab es sie früher. Ich bin scheu und halte mich tagsüber verborgen. Meistens schlafe ich unter einem Gebüsch, eine Höhle gibt es nur für meine Gefährtin und die Jungen. Dahinten ist meine Familie! Siehst du ihre wedelnden Schwänze (mit der weißen Spitze) und hörst du ihr **WILLKOMMENSKLÄFFEN?** Ich nutze gut 28 verschiedene Laute.

ROTFUCHS

ART: Säugetier > Raubtier > Hundeartige > *Vulpes* > *Vulpes vulpes*
VORKOMMEN: fast überall in Europa, Nordafrika, Asien und Nordamerika, außer in den Bergen. In Australien eingeführt. Auch in Nordamerika, neben amerikanischer Unterart.
LÄNGE: 62 – 75 cm, Männchen etwas größer als Weibchen
SCHWANZLÄNGE: Männchen 33 – 44 cm
GEWICHT: Männchen 5 – 7,5 kg
LEBENSERWARTUNG: 3 – 4, maximal 9 Jahre
BESTAND unbekannt
GEFÄHRDUNG nicht gefährdet

WARUM wohl manche von euch immer noch behaupten, ich sei schlau und hinterlistig? Keine Ahnung! Es muss etwas mit dem Buch Reinecke Fuchs zu tun haben. Im Mittelalter war das ein Bestseller! Darin ging es um die sogenannten Schelmenstreiche eines meiner Vorfahren. Eigentlich hat er nur euch selbst einen Spiegel vorgehalten. Ich als Fuchs mache einfach, was jeder Fuchs tun würde.

PFFT. Bin ich müde von meinem Raubzug! Schnell noch das Kaninchen reinbringen, und dann rolle ich mich zusammen, mein **BUSCHIGER SCHWANZ** dient mir als Kissen.

WÜHLMAUS

EINE BRAUNE RATTE? Im Leben nicht! Ich mag vielleicht so aussehen – und im bekannten englischen Kinderbuch Der Wind in den Weiden heißt ein Artgenosse tatsächlich Ratte – aber ich bin eine Ostschermaus, auch Schermaus oder Große Wühlmaus genannt. Doch ich verstehe die Verwirrung gut. Denn wir sehen uns durchaus ein wenig ähnlich mit unserem braunen Fell, und wir sind ungefähr gleich groß. Aber wenn du gut hinschaust, siehst du, dass meine Schnauze viel stumpfer und mein Schwanz kürzer ist. Meine kleinen Ohren sind in meinem rauen, dicken Fell versteckt. Kurzum, ich bin ein **WINZLING.** Immerhin einer mit scharfen Klauen zum Graben, langen Zähnen zum Schneiden und starken Beinen zum Schwimmen.

ICH LEBE in der Nähe von Süßwasser. Das sollte möglichst keine allzu heftige Strömung haben. Ein paar Hundert Meter am steilen Ufer meines Bachs, Wassergrabens oder Sees liegt mein Territorium. Das von einem Männchen ist am größten. Für etliche Raubtiere bin ich ein appetitliches Häppchen, weswegen ich mich meistens in meiner **UNTERIRDISCHEN** Höhle aufhalte. Der Eingang liegt knapp über oder unter dem Wasser, was sehr praktisch ist, wenn ich schnell entkommen muss. Ich bin eine ausgezeichnete Taucherin. Kleine Spezialklappen halten meine Ohren geschlossen, damit kein Wasser eindringt.

ALLE PAAR Stunden ziehe ich los, um meine vegetarische Mahlzeit einzusammeln: Pflanzenstängel, Wurzeln, Nüsse und Samen. Siehst du einen Pflanzenstängel, der in einem perfekten 45-Grad-Winkel abgebissen ist? Dann kannst du Gift drauf nehmen, dass ich hier war! Hin und wieder fange ich auch mal ein Insekt oder ein Fischchen. Schließlich esse ich täglich 80 Prozent meines **KÖRPERGEWICHTS.** Zum Essen sitze ich auf meinem Hinterteil. Wie ihr benutze ich meine Vorderbeine, um die Nahrung zum Mund zu führen.

IN MEINER HÖHLE habe ich getrennte Räume für meine Nester und die Nahrungsvorräte. Das WC findest du selbstverständlich im Freien. So wissen die anderen auch sofort, dass dies mein Platz ist, und der meiner Familie. Nachwuchs bekomme ich gut fünfmal im Jahr. Mein Mann trägt nicht mehr viel dazu bei. Meistens werden etwa sechs kleine **WÜHLMÄUSE** geboren, die selbst auch schon nach wenigen Monaten wieder fruchtbar sind. All dieser Zuwachs ist dringend notwendig. Ich habe es schon erwähnt: ich habe viele Feinde. Im Wasser und an Land. Oft schafft meine Art es nicht mal bis zum ersten Geburtstag. Ihr denkt euch so viel unangenehme Fallen aus, um uns zu verjagen.

MANCHMAL findest du mich in einem Obstgarten oder auf einem Acker. Dort wollt ihr mich gern schnell wieder loswerden. Tja, dann solltet ihr lieber nicht alles Essen so herumliegen lassen ...! **EIN LETZTER TIPP,** um mich zu erkennen: wenn ich schwimme, erscheint hinter mir so etwas wie ein V im Wasser. Das hat die braune Ratte nicht!

ART: Säugetier > Nagetier > Wühler > *Arvicola* > *Arvicola amphibius*
VORKOMMEN: Europa, außer dem Südwesten, im nördlichen Nahen Osten, bis Sibirien und über die Polargrenze.
LÄNGE: 12 – 23 cm, Männchen etwas größer
SCHWANZLÄNGE: 7 – 16 cm
GEWICHT: 60 – 295 g
LEBENSERWARTUNG: 18 Monate – 3 Jahre, oft kürzer als ein Jahr
BESTAND: unbekannt
GEFÄHRDUNG: nicht gefährdet

ICH BIN RECHT UNKOMPLIZIERT. Kam ich früher oft auf der Heide und in den Dünen vor, kannst du mich heute getrost als Weide- oder ACKERVOGEL bezeichnen. Obwohl ich auch gern in einem sumpfigen Morast herumwate oder im Watt. Ob nass oder trocken – das ist mir recht gal. Ziemlich besonders für einen Stelzenläufer.

MEINE HELLBRAUNE Tarnfarbe mag wenig spektakulär sein, doch sie schützt mich gut vor meinen Feinden. Nur unter meinen Flügeln findest du ein bisschen Weiß. Im Winter

GROßER BRACHVOGEL

ziehe ich an wärmere Orte ein wenig SÜDLICHER, obwohl Artgenossen aus Skandinavien es hier dann gerade warm genug finden. Ihr verwechselt mich manchmal mit dem Regenbrachvogel. Verständlich, denn mit dem bin ich verwandt. Aber er ist kleiner, hat einen kürzeren Schnabel und brütet eher weiter oben im Norden.

VON ALLEN Stelzenläufern stehe ich am höchsten auf meinen schlanken Beinen. Und mein krummer Schnabel ist der längste von allen. Ein Angeber? Ich? Aber nein, das sind lediglich Tatsachen! Übrigens ist der Schnabel meiner Frau noch länger als meiner. Deswegen siehst du sie außerhalb der Brutzeit etwas häufiger im Watt, wo sie nach Krabben, Wattwürmern und WEICHTIEREN sucht. Ich bleibe dann lieber im Gras, für die saftigen Regenwürmer. Mit meinem Schnabel steche und picke ich nach meinem Essen. Es ist sehr vorteilhaft, dass er krumm ist. Ich kann damit weiter und tiefer herumstochern und außerdem ist er noch empfindsamer – praktisch, wenn ich im Schlick tastend nach Nahrung suche.

MIT BEGEISTERUNG mache ich meinem Weibchen den Hof. Hast du mich noch nie singen hören? Wie ein OPERNSÄNGER! Die Noten springen nur so aus meinem Schnabel, ich bin virtuos wie ein Geiger und flöte ganz hervorragend. Und das alles im Fliegen! Trillernd runde ich meine Show ab. Und dann schwebe ich noch ein Weilchen, um den Applaus entgegenzunehmen.

SOBALD ich zurück bin, brüte ich gemeinsam mit meiner Frau in einem Monat drei oder vier Eier aus. Die Küken hüpfen sofort vom Nest am Boden los. Wir müssen also schleunigst hinterher, damit sie nicht gleich einem FUCHS vor die Schnauze laufen. Er ist unser größter natürlicher Feind. Eine Menge Küken überleben nicht einmal den ersten Monat, bevor sie flügge sind.

ABER der Mensch macht es uns auch ziemlich schwer. Immer mehr langweiliges Wiesengras im Poldergebiet, immer weniger Heide und Watt und andere Gezeitenreviere. Und all das Land, das ihr euch einverleibt. Wenn ich ehrlich bin – es geht mir sehr schlecht. An immer mehr Stellen verschwinde ich. Warum jagt ihr in manchen ÜBERWINTERUNGSGEBIETEN sogar noch auf mich? Ich bin zwar recht unkompliziert, aber ein paar Fleckchen sollten schon noch für mich übrig bleiben …

ART: Wat-/Weidevogel › Stelzenläufer › Strandläufer und Schnepfen › *Numenius* › *Numenius arquata*
VORKOMMEN: brütet nördlich des Mittelmeergebiets von Irland, Russland, bis weit nach Asien, überwintert an den Küsten von West- und Südeuropa, Afrika (niederländischer Brachvogel), und Küsten des Nahen Ostens, Indien, Südostasien bis Japan.
LÄNGE: 48 – 57 cm
FLÜGELSPANNWEITE: 89 – 106 cm
GEWICHT: 575 – 1.000 Gramm, Männchen etwas leichter
LEBENSERWARTUNG: 20, maximal 32 Jahre
BESTAND: 835.000 – 1.310.000 Individuen weltweit; in Deutschland brüten noch etwa 3.200 – 4.000 Paare. Dazu kommen noch übersommernde Nichtbrüter, speziell an der Nordseeküste.
GEFÄHRDUNG: weltweit fast gefährdet. Der große Brachvogel gilt in Deutschland als stark bedroht und ist in den meisten Roten Listen Mitteleuropas verzeichnet.

BAUCHIGE WINDELSCHNECKE

ICH PASSE IN keine Schublade. Ja, ich weiß schon, dass ich in einem Häuschen wohne. Ich bin eine winzige Gehäuseschnecke (und eine Landschnecke). Was ich sagen möchte, ist, dass ich weder Männchen noch Weibchen bin, sondern eigentlich beides. Ich bin ein Hermaphrodit und kann mich selbst **BEFRUCHTEN** – obwohl ich mich auch mit anderen Bauchigen Windelschnecken paare. Im Sommer lege ich von Zeit zu Zeit meine Eier. Nach etwas mehr als einer Woche schlüpfen die kleinen Schnecken aus ihren Eiern. Es dauert dann noch etwa 20 – 40 Tage, bis sie ausgewachsen sind.

ICH HABE bis zu fünf Spiralen in meinem Gehäuse. Elegant, was? Mein braunes Häuschen dreht sich entgegen dem Uhrzeigersinn: ich laufe ganz schön gegen den Strich! Ich habe „Zähne" in meinem Gehäuse, wirklich! In der Öffnung befinden sich vier oder fünf Vorsprünge, die sehen genauso aus wie Zähne! Mit bloßem Auge siehst du mich kaum, aber ich bin sehr wichtig, denn wo ich lebe, ist das Wasser gesund. Ich esse Schimmel und Algen von den Blättern bestimmter Seggearten, wie der **SUMPF-SEGGE** und der Rispen-Segge. Diese Gewächse sehen aus wie Gräser. Ich lebe auf der Grenze zwischen Wasser und Land, in Sümpfen, an Ufern und in Wäldern mit Quellen. Kalk im Boden brauche ich, um ein stabiles Haus bauen zu können.

A PROPOS Sumpfpflanzen ... sie können zwar nicht reden, aber wenn sie es könnten, würden sie sich bestimmt bedanken, denn schließlich essen diese Schimmel und Algen sie sonst auf! Wir Schnecken räumen alles in der Natur auf. Und wie belohnt man uns dafür? Bei vielen Tieren, wie Fröschen, Kröten, Insekten und Vögeln stehen wir als fester Bestandteil auf der Speisekarte!

URSPRÜNGLICH stamme ich aus dem Mittelmeerraum. Nach der letzten Eiszeit wurde es wärmer, und ich zog über die Alpen in den Norden. Hättest du nicht gedacht, was, von so einer kleinen Schnecke? Als es wieder kälter wurde, blieb ich in einigen noch geeigneten Gebieten hängen. Auch wenn diese immer mehr von Mensch und Klimawandel bedroht sind ... **SINKENDE GRUNDWASSERSPIEGEL,** Verbuschung, Verlust von Lebensräumen, und so weiter.

ICH WOHNE auf meinem Blatt, oder besser gesagt: ich klebe mit Schleim daran fest. Manchmal ziehe ich auf eine andere Segge um. Meistens sitze ich mit etwa zehn anderen Artgenossen aller Altersstufen zusammen. Einen echten **WINTERSCHLAF** halte ich nicht, aber wenn es friert, mache ich nicht so viel. Dann siedele ich auf den Boden um, und kuschele mich zwischen die abgefallenen Blätter und andere Pflanzen.

ÜBRIGENS mag ich es auch nicht, wenn es sehr warm und trocken ist. Ich bin ein Weichtier und bestehe vor allem aus Wasser, also brauche ich **FEUCHTIGKEIT.** Ich bin froh, wenn es regnet und kühl ist. Darum siehst du mich nachts häufiger als tagsüber.

SO, ich habe jetzt alles erzählt. Zurück in meine Schublade ... äh, ins **HÄUSCHEN.**

ART: Weichtier > Schnecke > Lungenschnecke > Landlungenschnecke > Windelschnecken > *Vertigo* > *Vertigo moulinsianna*
VORKOMMEN: von Irland bis Russland, südlich bis Nordafrika, aber hauptsächlich in West- und Mitteleuropa.
LÄNGE: Männchen 1,7 – 3 mm
GEWICHT: unbekannt
LEBENSERWARTUNG: 10 – 15 Monate
BESTAND: unbekannt, abnehmend, kleine isolierte Populationen
GEFÄHRDUNG: weltweit gefährdet

GENAU wie wir halten sich Tiere nicht an **LANDESGRENZEN.** An vielen Orten auf der **WELT** findest du Gebiete, in denen dieselben Tiere leben wie bei **UNS.**

Viele Vögel ziehen jedes Jahr von Nord nach Süd – oder genau umgekehrt. Unterwegs und an ihrem Ziel finden sie feuchtes **WEIDELAND,** wie in manchen **POLDERGEBIETEN,** und andere Feuchtgebiete wie ausgedehnte **SÜMPFE** und dynamische **FLUSSDELTAS.**

Auf der Karte siehst du ein paar Beispiele dieser internationalen **„WETLANDS".**

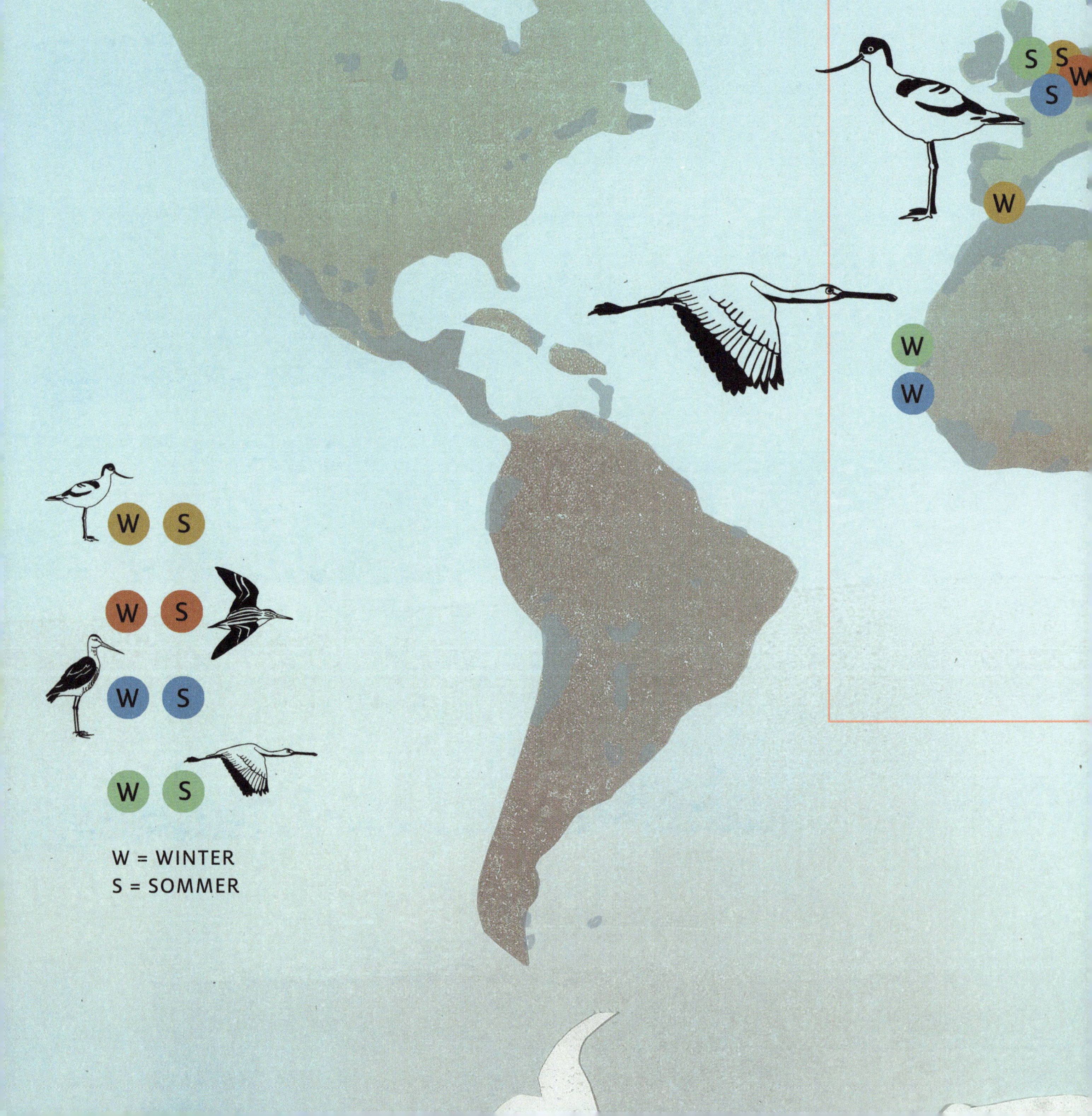

DETAILKARTE

DETAILKARTE

- Der **LÖFFLER** zieht in den Nationalpark D'Arguin in Mauretanien, ein ausgedehntes Deltagebiet für Stelzenläufer.
- Bei der Straße von Gibraltar in Spanien wagen viele Vögel, darunter der **SÄBELSCHNÄBLER**, die Überquerung nach Afrika. Sie bleiben (oder überwintern) in nahe gelegenen Feuchtgebieten wie dem Nationalpark Doñana.
- In den Küstengebieten und Reisfeldern von Guinea-Bissau und dem Senegal, wie dem Bissago-Archipel und der Landschaft der Casamance überwintert die **UFERSCHNEPFE**.
- In den feuchten Weideländern und Sümpfen von Skandinavien brütet die **ZWERGSCHNEPFE**, wie im Nationalpark Storre Moss in Schweden.

ZWERGSCHNEPFE
SÄBELSCHNÄBLER
LÖFFLER
UFERSCHNEPFE

WER STEHT WO IN DIESEM BUCH?

QUELLEN

https://www.deutschewildtierstiftung.de

https://www.nabu.de/

https://www.wikipedia.de/

https://www.avi-fauna.info

https://www.vogelwunderwelt.de

https://www.tierenzyklopaedie.de

https://www.bfn.de (= Bundesamt für Naturschutz)

https://www.bund-naturschutz.de/

https://www.artensteckbrief.de

https://reptilica.de

SACH-BILDERBUCH ÜBER DIE TIERE IM HOHEN NORDEN

Jesse Goossens · Marieke ten Berge
Unser wildes Zuhause

88 Seiten · Hardcover
ISBN 978-3-8489-0202-6

Nicht nur die Landschaft im hohen Norden ist einzigartig, auch seine Bewohner sind es: Die Ringelrobbe, die Eisbären täuscht, indem sie unter Wasser Blasen aufsteigen lässt. Der Eurasische Luchs, der nach nordischer Mythologie in die Zukunft blicken kann, der singende Buckelwal und der Vielfraß, der seinem Namen alle Ehre macht. Sie alle und noch viele andere Tiere stellen sich in diesem Buch selber vor und nehmen uns mit in eine faszinierende Welt aus Eis und Schnee.

Lieblingsbücher fürs Leben.
www.thienemann.de

ALADIN